La Chronique de Robert de Clari

Robert de Clari (died c. 1220), a member of the lesser Picard nobility from the vicinity of Amiens, has left a colourful account of the Fourth Crusade in which he took part. The account, *La Conquete de Constantinople,* is contained in MS No. 487 of the Royal Library of Copenhagen (folios 100-128). For this study Professor Dembowski has worked from a photostatic copy of the manuscript and Philippe Lauer's edition of 1925.

This monograph examines critically the language and style of this chronicle which is one of the first original prose texts (if not the first) in the French language, neither translated from Latin nor resulting from "prosification" of verse-compositions.

Dr. Dembowski studies the predominantly Picard character of the phonetics of the text which shows, in fact, that its dialectal characteristics are present more consistently than in other literary works of the same period. The examination of the morphology and syntax points to the presence of popular and dialectal traits in morphology together with the characteristics of a more literary nature in the syntax. The meaning of key words and, more generally, the relative effectiveness of the vocabulary in various domains is also a part of the study.

The stylistic analysis of the work is devoted to the various means of emphasis drawn upon by the author. Robert de Clari, the first known French *memorialiste,* displays considerable ability in the narration of short anecdotes and in the reproduction of dialogue. His treatment of historical events, though suffering from monotony by modern standards, is characterized by its exactitude and clarity. His writing indicates qualities distinct from the vernacular tradition which precedes him and from the style of his contemporaries. These qualities of style mark the character of Robert de clari, who is revealed to us as a man of action with a natural gift for simple and direct narration.

PETER F. DEMBOWSKI Was born in Warsaw, and came to Canada as a farm-labourer. He graduated from the University of British Columbia in 1952, and in Paris obtained the degree of Doctorat d'Universite in Slavic Philology. In 1960 he received a Ph.D. from the University of California. Dr. Dembowski is Assistant Professor of French at the University of Toronto.

UNIVERSITY OF TORONTO ROMANCE SERIES

La Chronique de Robert de Clari

ETUDE DE LA LANGUE ET DU STYLE

P. F. DEMBOWSKI

Assistant Professor of French
University of Toronto

University of Toronto Press

© University of Toronto Press, 1963
Reprinted in paperback 2015
ISBN 978-1-4426-3985-0 (paper)

Préface

Ce travail a été publié grâce à une subvention accordée par le Conseil canadien de Recherches sur les Humanités provenant de fonds fournis par le Conseil des Arts du Canada, et grâce au concours généreux des Fonds de Publication de l'University of Toronto Press.

Le présent ouvrage est un remaniement de notre thèse de doctorat soutenue à l'Université de Californie (Berkeley) en 1960. Nous tenons à exprimer notre vive reconnaissance à toutes les personnes qui nous ont aidé et encouragé, et surtout à nos anciens maîtres MM. les professeurs Ronald N. Walpole, Francis J. Carmody et Yakov Malkiel, *qui tot sunt molt preudon et molt boin clerc.*

Introduction

Une monographie consacrée uniquement à l'étude des procédés linguistiques et stylistiques de la chronique de Robert de Clari peut se justifier du fait que :

1) Cette chronique représente un des premiers exemples de la prose française (ou, plus exactement, picarde) qui ne résultent ni d'une traduction du latin, ni d'une « prosification » de vers.

2) L'auteur de la chronique n'est pas, de son propre aveu, un écrivain professionnel.

Nous sommes donc en face d'une des œuvres les plus anciennes en prose originale écrite par un homme apparemment assez mal préparé à la tâche. Il faut avoir ces deux faits présents à l'esprit au cours de la discussion de la technique, et surtout, au moment de tirer les conclusions de l'étude de cette chronique.

La vie de Robert de Clari ainsi que les circonstances dans lesquelles sa chronique a été écrite sont très peu connues. La plupart des faits retraçables ont été présentés par Philippe Lauer dans la Préface de son édition de la chronique (*RC*). En voici l'essentiel : Robert de Clari (aujourd'hui Cléry-les-Pernois, canton de Domart en Ponthieu, arrondissement de Doullens, Somme) était un petit chevalier, vassal de Pierre d'Amiens. Avec son frère Aleaume, un clerc, il suivit son seigneur à la quatrième croisade. La partie majeure de la chronique (les chapitres I à CXII) décrit les faits antérieurs à 1205, c'est-à-dire, les préparatifs de la croisade (1198–1201), le départ des croisés de Venise (1202), le voyage et la prise de Constantinople (1203) et l'établissement de l'empire franc de Constantinople (1203–1205). Les chapitres CXIII à CXX mentionnent de façon très sommaire les événements qui suivirent la désastreuse bataille d'Andrinople (avril 1205) dans laquelle une grande partie de l'armée des « Latins » fut détruite par les Bulgares et où l'empereur Baudoin Ier lui-même disparut sans laisser de traces. Il semble que vers cette époque Robert soit retourné dans sa Picardie natale, car il touche à peine aux événements des onze années suivantes (les chapitres CXIII à CXX sont très courts). Le dernier fait mentionné est la mort de l'empereur Henri Ier (juin 1216). La date de la composition (ou bien de l'achèvement) de la chronique peut donc être fixée vers cette époque.

Les chapitres XVIII à XXIX ainsi que XXXIII à XXXVIII racontent les événements survenus en Grèce et au Proche Orient au cours des dernières décades du 12e siècle. Ces chapitres servent sans aucun doute à expliquer et, peut-être, même à justifier le changement de destination de la croisade, qui, au lieu de combattre les musulmans en Egypte ou en Palestine, s'établit par force à Constantinople après avoir combattu et défait des chrétiens grecs-orthodoxes. Remarquons ici que le fait même de présenter des événements bien antérieurs à la croisade démontre que l'auteur était animé de desseins beaucoup plus ambitieux que de raconter tout simplement des « choses vues » . Nous croyons que Robert n'est pas un simple chevalier qui relate ses expériences personnelles, mais plutôt un simple chevalier nanti de prétentions d'historiographe, c'est-à-dire, de prétentions littéraires indéniables.

Un seul manuscrit (*msRC*), écrit vers 1300, nous est parvenu. Il semble que l'heureuse préservation de ce manuscrit s'explique par le fait qu'il a été relié avec quatre autres ouvrages dont au moins trois étaient ce qu'on pourrait appeler les *best sellers* de l'époque : la chronique dite du Ménestrel de Reims, le *Roman de Troie* de Jean de Flixecourt, la chronique de Turpin et finalement la traduction de la *Disciplina clericalis* de Pierre Alphonse. Avant l'édition de Lauer la chronique de Robert avait été publiée deux fois : d'abord (en très peu d'exemplaires) par Paul Riant[1] et ensuite par Karl Hopf[2].

Par la « langue de Robert de Clari » nous entendons la langue du scribe. Comme texte de base nous allons nous servir de l'édition Lauer, corrigée par nous selon *msRC*[3]. Dans les exemples cités les chiffres romains (les petites majuscules) représenteront les chapitres et les chiffres arabes, les lignes selon *RC*. Le fait que la chronique est en prose ne nous permet pas de distinguer entre les traits qui pourraient être attribués à l'auteur et les traits attribuables au scribe, distinction qu'il est possible de faire, du moins jusqu'à un certain point, dans les œuvres écrites en vers. Ceci est particulièrement important à l'égard de l'étude phonétique : en étudiant un texte en prose

---

[1] *Li estoires de chiaus qui conquisent Constantinoble.*

[2] « Conquête de Constantinople ».

[3] Dembowski, « Corrections à l'édition de la *Chronique* de Robert de Clari, de Ph. Lauer ».

nous ne devons pas perdre de vue le fait que, au fond, nous n'étudions que l'orthographe, car les éléments qui pourraient nous fournir des renseignements sur la phonétique, c'est-à-dire, la rime et le mètre, sont absents.

Nous avons décidé de discuter séparément les caractéristiques de la langue et du style de *RC*. Cette décision n'a pas été prise parce que nous considérons la langue et le style comme deux entités bien différenciées et toujours opposables. Nous ne croyons pas non plus utile de faire une analyse double dont une partie (linguistique) dépendrait de considérations objectives et vérifiables et l'autre (stylistique), de considérations plus ou moins subjectives. Nous maintenons la dualité langue / style pour des raisons bien différentes : l'ancien français dans la diversité de ses dialectes et de ses époques reste toujours, en partie du moins, inconnu. Il est donc tout à fait naturel que chaque discussion formelle d'une œuvre médiévale comprenne une étude linguistique qui vérifie, mette en relief, et parfois, rectifie les constatations faites par les chercheurs précédents. C'est seulement par ces « travaux de patience », bien souvent assez ingrats, que la connaissance de la base linguistique va s'approfondir. Bref, nous croyons que toute discussion formelle d'une œuvre médiévale devrait contribuer à la connaissance de l'ancien français. Tout en nous rendant compte que pour l'instant la séparation systématique des faits stylistiques, c'est-à-dire, la sélection à même la base linguistique commune des traits particuliers à un auteur, est impossible pour une œuvre du 13e siècle, nous avons cru nécessaire de délimiter le domaine généralement compris par le mot *style*. En étudiant la langue de *RC* nous avons souvent été frappé par la présence d'éléments qui sans présenter nécessairement de divergences avec les faits linguistiques, ont servi à ajouter au simple message un certain degré d'insistance et à mettre en relief une partie de ce message. Ce n'est pas par l'application de considérations métalinguistiques (c'est-à-dire psychologiques, esthétiques, etc.) mais par un processus analytique, tout semblable à celui qui nous a servi dans l'analyse de la langue, que nous avons trouvé les nombreux procédés dont usait Robert pour souligner les idées qu'il tenait à nous communiquer. Nous avons cru bien de traiter à part, sous la rubrique « Style », ces procédés de mise en relief.

Notre étude consiste donc en deux parties inégales en longueur mais non, nous l'espérons, en importance : l'une sur la langue et l'autre sur le style de *RC*. Dans les deux parties nous avons essayé de nous garder de tout impressionisme, non parce que nous sommes opposé, en principe, à l'analyse impressioniste, mais parce que nous sommes convaincu que le mélange d'objectivité (traitement traditionnel de la langue) et de subjectivité (traitement usuel du style) tend fatalement à donner une image fausse de l'œuvre étudiée. Ceci nous semble particulièrement vrai quand il s'agit de l'analyse d'une œuvre aussi ancienne et aussi unique que *RC*.

En raison des restrictions de la méthode employée, nous nous réservons le droit d'énoncer à la fin de notre étude des constatations moins facilement vérifiables (c'est-à-dire plus subjectives). C'est donc dans nos « Conclusions générales » que se trouveront ces jugements. Pour la plupart ce sont des constatations qui portent sur le caractère général de *RC*, sur la personnalité de Robert, sur la nature de son public, sur les traits saillants de la prose française naissante, etc. Bref, il s'agira de quelques constatations plus générales suscitées par l'étude de la chronique de Robert de Clari.

Les notes comprendront des indications bibliographiques sommaires. On trouvera à la fin de l'ouvrage une bibliographie plus complète des œuvres citées dans le texte.

La Chronique de Robert de Clari

ETUDE DE LA LANGUE ET DU STYLE

Liste des abréviations

B. E. Bourciez, *Précis historique de la phonétique française*, 9ᵉ éd. revue et corrigée, Paris, 1958.

CFMA. Les Classiques français du moyen âge. Collection de textes français et provençaux antérieurs à 1500, fondée en 1910 par Mario Roques

c.-r. cas-régime

c.-s. cas-sujet

EWF. Ernst Gamillscheg, *Etymologisches Wörterbuch der französischen Sprache*, Heidelberg, Carl Winter, 1928

F. Lucien Foulet, *Petite Syntaxe de l'ancien français*, 3ᵉ édition, revue et corrigée, *CFMA*, XXI, Paris, 1930

FEW. Walther von Wartburg, *Französisches etymologisches Wörterbuch. Eine Darstellung des gallo-romanischen Sprachschatzes*, Basel, etc., 1928 ss.

G. Charles Théodore Gossen, *Petite Grammaire de l'ancien picard. Phonétique-morphologie-syntaxe-anthologie et glossaire*, Paris, 1951

Gdf. Frédéric Godefroy, *Dictionnaire de l'ancienne langue française*, 10 tomes, Paris, 1881–1902

msRC. Robert de Clari, *La Conquête de Constantinople*, photocopie des feuillets 100–128 du manuscrit no. 487 de la Bibliothèque royale de Copenhague

RC. Robert de Clari, *La Conquête de Constantinople*, édité par Philippe Lauer, *CFMA*, XL, Paris, 1924

REW. W. Meyer-Lübke, *Romanisches etymologisches Wörterbuch*, 3ᵉ édition, Heidelberg, 1930–1935

T.-L. Adolf Tobler et Erhard Lommatzsch, *Altfranzösisches Wörterbuch; Adolf Toblers nachgelassene Materialen, bearbeitet und herausgegeben von Erhard Lommatzsch*, Berlin, etc., 1915 ss.

ZRPh. Zeitschrift für romanische Philologie, Halle, 1876 ss.

CHAPITRE I

Phonétique

Un coup d'œil jeté sur une page de RC convaincrait même le lecteur non initié qu'il s'agit là d'un texte bien picard. Le caractère essentiellement picard de cette chronique exige que nous nous posions la question suivante : qu'est-ce que c'est que le picard ? La réponse la plus simple serait : le picard est un dialecte appartenant au groupe nord-ouest de la langue d'oïl, lequel manifeste certains traits phonétiques, morphologiques, syntaxiques et lexicologiques particuliers. L'ensemble des traits typiquement picards peut constituer, pour ainsi dire, le picard « à l'état pur ». Mais il faut souligner que la langue écrite, la langue littéraire (la *scripta*, pour se servir du néologisme heureux employé par C. T. Gossen[1]) de la Picardie présente un caractère essentiellement « koïné ». Les éléments purement picards coexistent avec des éléments typiquement franciens (ou même wallons et normands)[2].

C'est en précisant la relation entre les éléments picards et les éléments franciens qu'on peut se rendre compte du caractère spécifique du texte. La phonétique de RC, ou plutôt, comme nous l'avons déjà expliqué, l'orthographe, représente la partie la plus évidente et la plus facile à noter de la langue de ce texte. Pour cette raison nous n'allons présenter ici que les traits picards les plus importants. En principe nous passerons sous silence les cas

[1]G, p. 31.

[2]A ce propos rappelons-nous la conclusion de la thèse de Gertrud Wacker, *Ueber das Verhältnis von Dialekt*, p. 87 (souligné par nous-même) : « Das Verhältnis von Dialekt und Schriftsprache im Altfranzösischen verbietet uns, in der Sprache eines Denkmals in jedem Falle einen einheitlichen Dialekt zu suchen, der zu Schlüssen auf die Heimat des Verfassers berechtigt. *Bildung und Beruf eines Dichters sind für seine Sprache meist massgebender als seine Heimat.* » Remplaçons le mot « poète » par « scribe » et la formule de Wacker nous conviendra parfaitement.

La thèse de Wacker a été récemment développée et abondamment illustrée quant à la langue d'Arras du 12e et du 13e siècles par Mme Halina Lewicka, dans une revue polonaise (« Dialekt a styl »).

où les traits de *RC* sont identiques aux franciens. Le lecteur trouvera un traitement plus complet des problèmes phonétiques de *RC* dans notre thèse soutenue à l'Université de Californie[3].

1. Consonnes

C'est dans le développement consonantique que le picard diffère de la façon la plus frappante du francien. A cet égard notre texte est, pour ainsi dire, encore plus picard que beaucoup de textes discutés dans *G*. Nous allons donc commencer par la discussion du consonantisme, en montrant ensuite quelques particularités vocaliques.

1.1. Palatalisation de [K] et de *T*

En francien le développement normal de *c* (*c* initial ou *c* précédé d'une consonne à l'intérieur d'un mot) suivi d'un *e* ou d'un *i*, celui de *c* suivi d'un yod (à l'intérieur d'un mot) et celui de *t* suivi d'un yod ont abouti à *ts* > *s* (écrit *c*, *s* ou *z*). Dans notre texte, cette palatale est écrite surtout *ch*, mais parfois on trouve *c*. Nous examinerons le développement du point de vue purement orthographique, puisque le caractère même de *RC* ne nous permet pas de préciser la valeur phonétique des graphies *c* et *ch*.

1.1.1. Voici d'abord les mots qui montrent la transformation en *ch* sans variantes en *c* : *achesmerent* XL, 13 (francien : *acesmer*)[4]; *anchisseurs* CVI, 33–34; *anchienement* LXXII, 10; *anchois* LXXIX, 10 et *passim*; *s'apercheussent* LXXX, 21–22 et *passim*; *chaiens* XXXIV, 35 et *passim* [ECCE HĀC INTUS]; *chaint* XCVI, 19, 45 (*achainte* LXXVIII, 20); *chentisme*[5] XCII, 39; *chertes* LII, 38; *chire* XI, 10; *faiche* XCVII, 6 (*fache* CIX, 14) et *passim* [FACIAT]; *fianche* CXIV,

[3] « La Chronique de Robert de Clari. Etude de la langue et du style. » Au chapitre I, pp. 1–43, nous avons essayé de comparer de façon systématique les caractéristiques phonétiques du picard telles que les présente C. T. Gossen avec les traits de *RC*. Nous avons donc discuté non seulement les « picardismes » mais aussi l'occurrence des formes franciennes là où, selon *G*, on pourrait s'attendre à trouver les formes picardes.

[4] L'étymologie de ce mot est des plus contestées. En voici les hypothèses : AD + AESTIMĀRE, AD + *CISMĀRE, AD + SCHISMĀRE et AD + CENSIMĀRE. Voir Foerster, « Romanische Etymologien », p. 112, et *REW*, 74.

[5] Lauer a transcrit en toutes lettres des nombres qui, dans *msRC*, sont écrits en chiffres romains. Et dans les cas de : *chens* LXXXIII, 33 et *passim*; *chinc* LXXXV, 32 et *passim*; *chinquante* LXXXVI, 4 et *passim*, il a choisi fréquemment les formes picardes. Ces formes, quoique justifiées par l'adjectif *chentisme*, cité ci-dessus, ne peuvent pas vraiment servir à démontrer l'élément picard dans *RC*.

10 et *passim*; *Franchois* LXIX, 3 et *passim*; *garchons* LIX, 28; *lachier* LXII, 4; *lanches* XII, 36 et *passim*; *lanchies* XXXVII, 12; *lisches* XLVII, 33 (*liches* XLVII, 35); *medechine* LXXXV, 10; *menchoingne* XCII, 42–43; *merchi* XIV, 36 et *passim* (*merchia* XXXIII, 79 et *passim*); *monchiel* LXX, 10 (*monchel* LXX, 13); *ochisist* LXXVIII, 36 et *passim*; *perchie* LXXV, 38; *pieches* LXXXII, 21 et *passim* (*piecha* XIII, 4); *plache* XC, 2; *plichons* CXII, 17; *rechevoir* VI, 45 et *passim*.

Les terminaisons qui proviennent de -TIA (-TIU), de même que celles de -*TIRĀE -CIĀRE (-CHIĀRE), ont abouti dans *RC* aux formes en *ch*. Les voici : *convenenches* LIX, 25 et *passim*; *justiche* CIX, 13 et *passim*; *largueche* XVIII, 76; *nobleche* LXXXII, 19 et *passim*; *proeches* LXXV, 19 (*proesches* I, 92) et *passim*; *riqueche* X, 5 et *passim*; *servige*[6] LIII, 8; *tierche* LXXXI, 18 et *passim*; *vaillanche* LXVIII, 19; *venjanche* CIX, 26; *cachier* XXVIII, 2 et *passim* (*acachoit* LX, 19; *encache* XVIII, 29; *recacha* XXV, 5, etc.); *commenche* I, 1 et *passim*; *courchiés* XCIX, 22 et *passim*; *drechierent* X, 10 et *passim*; *enbracha* XXII, 15; *manechierent* CIV, 3; *muchent* LXV, 15 et *passim*; *rehauchier* LXI, 3 et *passim*; *suchoit* LXXXV, 42, 47.

1.1.2. Ce qui, dans notre texte, diffère vraiment des autres documents picards, c'est la prédominance des graphies en *ch* dans les mots démonstratifs. G (p. 72) constate : « Les adjectifs et pronoms démonstratifs (*cest, ceste, ces, cil, cis, celui, cele, ce, c'est*) sont fréquemment écrits avec *c*. De même l'adverbe *ci*. » Dans notre texte on trouve le contraire. Nous n'avons que deux exemples en *c* : *ceste* XXXVI, 15; XCV, 19. Ainsi, par exemple : *chest* XXXVI, 31 (*chestui* XCIV, 20); *cheste* XLVII, 54; *ches* XI, 13; *chil* XI, 14 (*chus* LXXXIII, 8); *chiaus* I, 1 ou *chiax* XIV, 22); *chis* XXVII, 3; *chelui* XXVI, 11 (*cheli* XXI, 68); *chele* XLVII, 74 (*cheles* XXV, 73); *che* CI, 13 (*cho* XII, 30; *chou* XVIII, 13; *chu* XXXIII, 81); *ch'est* XXII, 51; *chi* XCII, 25 (*ichi* I, 1; *veschi* CV, 16)[7]. La forme ECCE-HĀC a donné parallèlement *cha* LXXXIII, 12 (non *ça*).

1.1.3. Notre texte, comme la plupart des documents picards, possède des formes où *c* rivalise avec *ch*. Ainsi nous avons trouvé trois exemples de *cité* LXVIII, 13; XLVI, 18; XLIX, 14, alors que la forme *chité* XIII, 6 et *passim* est très fréquente. De meme *Franche* XIX, 5 et *passim* est parfois écrit avec un *c*

---

[6]En picard, il semble que l'opposition entre la sourde et la sonore finale ait été très faiblement sentie : *damaches* CIII, 1; CXI, 18, à côté de *damages* CXIX, 5. Cf. G, p. 73. Y aurait-il aussi une possibilité de contamination par « servage » ?

[7]Toutes ces formes, sauf *chestui*, dont nous n'avons trouvé qu'un seul exemple, se retrouvent partout dans notre texte.

(XIX, 10; XXXVII, 25). Par contre, *Franchois* XVIII, 22 et *passim* est toujours écrit avec un *ch*. *Pourchession* LXXX, 4 et *passim* n'est écrit qu'une seule fois avec le *c* francien : *pourcession* LXVI, 71. Ce sont les formes < FORTIA qui peuvent servir d'exemples de la prédominance décisive de la graphie picarde. Nous avons trouvé dix-neuf exemples de *forche* XX, 16 et *passim* mais une seule fois *force* XXI, 21 (*force* XX, 18 est dû à une faute de transcription : *msRC* donne *forche*).

1.1.4.   Il y a un petit nombre de mots qui montrent toujours une graphie francienne. Ce sont : *Venice* V, 13 et *passim* (*Vinice* VI, 28), *Venicien* VI, 38 et *passim*; *grace* XLIX, 9 et *passim* qui est, à n'en pas douter, d'origine ecclésiastique (employé surtout dans l'expression : *le grace Dieu*). G (p. 73) déclare n'avoir trouvé la graphie *grache* dans aucun texte picard. L'adjectif *precieuse*, employé seulement dans l'expression *pierres precieuses* LXXXV, 18 et *passim*, montre toujours le développement francien de la terminaison -TIŌSĀS. Les mots abstraits < -TIŌNEM sont extrêmement rares à part la forme *traïson* XXXIII, 86, 92 et *passim* qui est nettement francienne[8]. Les trois autres exemples que nous en avons trouvés ont une graphie savante : *eslection* XCV, 19; *incarnations* I, 7; *nations* LXXX, 3.

1.1.5.   La distinction la plus frappante entre le picard et le francien provient du traitement de [K] + A en position forte. En francien le résultat est *ch* tandis qu'en picard la médio-palatale latine ne subit pas de tel changement. Dans notre texte cette consonne est écrite *c*, *k* et *qu* (cette dernière graphie est plutôt rare et seulement à l'intérieur d'un mot). Mais, nous rappelant le caractère composite de la *scripta*, nous ne pouvons formuler de strictes lois phonétiques; néanmoins, il nous faut constater qu'à l'égard de la représentation graphique du phonème qui provient de [K] + A, notre texte est remarquablement uniforme : *acata* XCVI, 55 et *passim*; *caaines* LXXXIII, 4 et *passim*; *caanche* XXX, 17; *caauvles* LXXI, 2; *caiiere* LXXXIX, 13 et *passim* [CATHEDRA]; *caïrent* XII, 32 et *passim* (*escaÿ* XXXVIII, 2; *eskeus* XXXIII, 104 et *passim*); *caitiveté* LIX, 23; *caloit* LXII, 15 et *passim*; *cambre* XCVI, 13 et *passim*; *camoel* XXV, 66; *candeilles* XII, 36–37; *cange* XCI, 11 (*cangeeur* XCI, 12); *canoines* I, 63; *cantee*

---

[8]La confusion entre *c* (*ch*) et *s* n'existe pas dans notre texte. (Cette confusion est fréquente dans les documents picards; cf. G, pp. 72–73.) A part *traïson*, nous n'avons trouvé que *ensient* XCII, 29; mais *sc* offre un groupe particulier qui, à en croire G (p. 72), aboutit fréquemment à *s* en picard aussi bien qu'en francien.

XCV, 1 et *passim* (*encantement* XC, 25); *capel* LXVI, 55; *capele* LXXXII, 19 et *passim*; *cars* LXXXIX, 11 et *passim* (*carcloies* LXXI, 4); *cas* LXIX, 6; *cascuns* LXXXI, 22[9] et *passim*; *catel* XXI, 55; *caucha* XCVI, 14 et *passim* (*cauches* XCVI, 15); *caudiere* XXV, 60; *caut* LIV, 6 et *passim*; *caveax* XXXVII, 20; *coses* XXXII, 3 et *passim*; *marcaans* XI, 40 et *passim* (*marcaander* XI, 40–41 et *passim*).

1.1.6.   Une grande uniformité caractérise aussi le *k* (ou *qu*) devant les *ie* ou les *e* qui proviennent du *A* latin : *arkiers* XLIII, 8 et *passim*; *atakier* XLIV, 31; *brestesque* LXIX, 15; *buskier* LXXVIII, 7; *carquié* XXX, 11 et *passim*; *clokiers* LXXXV, 23; *franke* CVII, 6; *hukier* XXXIV, 26; *kier* XXVI, 8 (*kierté* XXXIV, 23 et *passim*); *markie* VI, 25 et *passim*; *mouskes* LXV, 16 (*mouskerons* LXV, 16–17); *rafreski* XIII, 48; *sakier* LXXVI, 7 et *passim*; *seske* LX, 14 [SICCA]; *torkes* XII, 36; *trikeeur* XII, 17. Nous trouvons, néanmoins, quelques mots de cette catégorie où l'oscillation entre les graphies *k* (*qu*) et *ch* a eu lieu : *bouque* LXXXV, 50 à côté de *bouche* LXXXV, 41; *Bouke de Lion* LXXXII, 4 et *passim* (étymologie populaire de Βουχολέων; cf. *RC*, p. 115), est toujours écrit avec *k*. Nous trouvons : *eskieles* XLIV, 14; *eschieles* LX, 5; *esquieles* LXI, 7. *Kief*, au sens propre ou figuré, s'écrit presque toujours[10] avec un *k* (LXXXII, 33 et *passim*). Le nom abstrait *kievetaine* figure deux fois dans notre texte (II, 11 et III, 6), tandis que la forme *chievetaine* ne figure qu'une seule fois : II, 5. Un mot de provenance nettement ecclésiastique : *pechiés* XXXIX, 10 et *passim* est aussi écrit avec *k* : *pekiés* XCII, 34. *Rikes* X, 2 et *passim* a un doublet en *ch* : *riches* XCII, 35 et *passim*. Les doublets *picoient* LXXV, 30 (*pikier* LXXV, 25), *pichierent* LXXV, 35 (*despichier* LXIX, 11) présentent une certaine difficulté. La forme francienne *piquer* ne peut provenir de [PICĀRE]; elle est probablement dérivée de *pic* (*EWF*, p. 692). *Gdf* ne donne aucune forme en *ch*. En effet la graphie *pichierent* (sans mentionner le latinisme orthographique *Nicholai* X, 8 et XI, 16) est le seul exemple où il semble que la prononciation de *ch* ait été identique à celle de *k*.

[9]Comme dans le cas des formes populaires *chel*, *che*, *chou*, etc., discutées ci-dessus, la forme *cascun* de *RC* est intéressante à cause de l'absence d'exceptions en *ch* (*chascun* est très commun dans les autres documents picards). Cf. *G*, p. 75.

[10]Les trois fois que l'on trouve *chief* (XXV, 90; XXXIII, 125; XCVI, 52) ce mot a une signification concrète : mettre la couronne sur la tête. (A côté de *chief*, notre texte possède la forme *teste* — dans un sens moins élevé — p. ex. XXI, 91; XXV, 17.) *Kief*, par contre, figure quinze fois, mais une seule fois dans sa signification concrète « tête ». Dans tous les autres cas, il signifie « bout, capitale ». L'adverbe *de rekief* XLVII, 53 et *passim* est toujours (six fois) écrit avec un *k*.

1.1.7. Il existe, néanmoins, un groupe de mots dans lesquels la présence constante de la graphie *ch* peut signifier une origine « savante » de caractère francien. On peut donc supposer que dans les mots suivants la prononciation de la graphie *ch* est distincte de celle de *k* : *bacheler* CV, 11 et *passim*; *bescochiés* XXXVI, 28; *Champaingne* I, 52 et *passim*; *Charlemaine* LXXXI, 13; *chevaliers* I, 34 et *passim*[11]; *chevauchierent* XX, 3 et *passim*; *cheval* I, 93 et *passim* (ce dernier mot, très fréquent dans notre texte, ne montre jamais de variante en *k* ou *c*; cette orthographe pourrait être le résultat de l'influence de *chevalier*); *diemanche* LXXIII, 2–3; *mareschaus* VI, 3; *marchis* XCIII, 3 et *passim* (*marchist* LXV, 10–11). Tous ces mots semblent faire partie d'un vocabulaire féodalo-militaire ou ecclésiastique. Par contre, les formes *char* XXV, 84 et *passim* [CARNE] et *chien* LXXII, 14[12] possèdent un *ch* qui serait plus difficilement explicable par l'influence « savante » du francien que celui des formes présentées ci-dessus.

1.1.8. Dans le cas de la palatale sonore, il faut logiquement supposer qu'elle a subi un développement parallèle à celui de *c*. Le problème est compliqué par l'orthographe, car *g*, contrairement à *c*, ne possède pas de symbole exclusivement vélaire (*qu*, *k*). Il faut donc supposer que, dans *RC*, *ga*, *go*, *gu* représentent le *g* palatal (médio-palatal dans le cas de *ga* et post-palatal dans le cas de *go* et de *gu*). Mais les graphies comme *geule* LXXXV, 44; *orgelleusement* XVIII, 46 (à côté de *orguel* CXII, 32); *Hongerie* XCIX, 11 (à côté de *Honguerie* XIV, 32), etc., montrent que la prononciation de *g* dans *g + e* pouvait être identique à celle de *g* dans *g + u*. Par contre, *g'estoie* LII, 48 (*g'irai* VI, 27) ou *getoit* LXXV, 26 et *passim* (à côté de *je* XXII, 11; *jou* XI, 39 et *passim*; *jeté* LXXXV, 19 et *passim*) prouve que *ge* pouvait être une affriquée ou bien une fricative palatale. On ne peut donc tirer aucune conclusion à propos du caractère de la première consonne dans *geline* LX, 31. Mais *gambe* LXXXII, 22; *goie* XII, 32 et *passim*; de même que *largueche* XVIII, 76 (*larguement* LXXVIII, 21)[13] attestent, sans doute, la préservation de la médio-palatale dans le groupe qui provient de *G + A*; trait typiquement picard.

[11]G (pp. 76–77) déclare n'avoir jamais trouvé de variantes en *k* : « Le terme est français et non pas régional. »

[12]*Gdf* ne donne aucun exemple de *kien*, mais il documente *kienaille* (II, p. 122). La forme « picarde » semble être rare dans les textes.

[13]*u* dans *largueche* préserve la qualité gutturale de *g*. Cf. *Borguenong* XLV, 16. Dans trois autres exemples de ce mot la qualité du *g* ne peut qu'être devinée : *larges* XVIII, 7, 14; *largement* XCII, 33.

1.2 Dentales

1.2.1. Le seul exemple du développement, assez commun en Picardie, du groupe < -ĀTICU en -ache (cf. *G*, p. 83) se retrouve dans *damaches* CIII, 1; CXI, 18 (à côté de maints exemples de *damages* CXIX, 5 et *passim* et de nombreuses autres formes en *-age*, p. ex. *message* VI, 8 et *passim*, *barnage* LII, 10 et *passim*, etc.).

1.2.2. Pareillement la préservation du *t* final dans les terminaisons -ĀTU, -ĪTU, -ŪTU des participes passés, caractéristique du picard de même que du wallon et du lorrain (*G*, pp. 83–89), est extrêmement rare dans *RC*. Nous en avons rencontré seulement deux exemples : *courchiet* CXIII, 3 et *eslut* XCV, 20 [*ELEGŪTU]. Mais nous avons trouvé aussi deux exemples d'un féminin secondaire en *-te* (qui présuppose un masculin en *t*) : *lutes* XIV, 20 [*LEGŪTAS]; *teutes* CXX, 11 [*TACŪTAS].

1.3. Labiales

1.3.1. *W*

A l'initiale le picard conserve la fricative bilabiale sonore dans les mots germaniques. L'emploi de *w* dans les chartes est beaucoup plus fréquent que dans les textes littéraires où l'emploi du *g* francien semble être très commun (*G*, pp. 86–87). Notre texte suit l'usage des chartes en montrant une préférence marquée pour *w*. En voici quelques exemples : *waaing* LXVI, 68 et *passim* (mais *gaaing* LXVI, 25); *waita* LXVI, 25 et *passim*; *wage* CV, 16 et *passim*; *waires* XXVII, 6 et *passim*[14]; *warissoit* LXXXV, 10 et *passim*; *warnies* LXXV, 2 et *passim*; *werioient* CXVI, 26; *werredon* LII, 32; *Willames* I, 46 et *passim*. C'est seulement dans les formes provenant du *WARD germanique que le texte révèle une influence de l'orthographe francienne : *g* et *w* se retrouvent, alors, avec une fréquence plus ou moins égale dans : *warde* LX, 27 et *passim*; *garde* LX, 22 et *passim*; de même que dans *eswarder* XC, 7 et *passim*; *esgardoient* XC, 14–15 et *passim*.

A part l'emploi du *w* dans les mots d'origine germanique on trouve *w* au lieu de *u* dans la diphtongue *ui* : *wis* LXXV, 13 (mais aussi *uis* XXI, 66; *huis* LXXXV, 13); au lieu de *vu* dans *widierent* LXXIV, 73 et *passim*; au lieu de *u* dans les diphtongues *iu*, *eu*, *au*, quand ces diphtongues se trouvent devant une voyelle (ce *w* est, selon *G* [p. 91], une fricative bilabio-vélaire qui comble

---

[14]Comme dans le cas des autres mots auxiliaires (pronoms et adjectifs démonstratifs) l'adverbe *waires* ne possède pas de doublet « francien » en *g*.

l'hiatus) : *aiwe* LXIV, 8 et *passim* (aussi : *aiue* XIII, 11 et *passim*); *kewes* XLVII, 21 et *passim* [CŌDA, CAUDA]; *triwes* LXXXVI, 13 (aussi *trives* XLI, 17); *liwer* V, 9 et *passim* (aussi *liuaissent* VI, 6–7) [LOCĀRE]; *liwe* XCIX, 39 et *passim* [LEUCA]; *iawe* XLVIII, 40 (*yawe* LV, 12) etc.

(Quelques exemples de *w* doivent être qualifiés de cas d'orthographe fantaisiste : *ewangile* LXXXV, 26; *waissiaus* LXXXIII, 5 et *passim* [mais *vaissiaus* LXXXIII, 3]. Ils font soupçonner que le scribe ne sentait probablement pas très bien l'opposition *v* / *w*.)

1.3.2. *B + L, P + L*

Les groupes latins -ĀBULA, -ĀBILE ont généralement abouti en picard en *-avle* ou *-aule* (cf. G, pp. 87–92), mais notre texte montre au moins trois développements :

a) en *-avle* : *raisnavle* XVII, 4 et *passim* [RATIŌNĀBILE]; *tavle* LXXXIII, 30 et *passim*.

b) en *-auvle* : *raisnauvle* XXXIII, 4; *desfensauvles* LXIII, 5; *caauvles* LXXI, 2.

c) développement « savant » en *-able* dans le mot *diable* XXI, 75 et *passim*. (Cette forme a partout subi, selon G, p. 88, un traitement spécial.)

Ailleurs que dans les groupes -ĀBULA, -ĀBILE, -B'L- devient *-vl-* : *estavli* XLVII, 3 et *passim*; *evliés* LXXXIII, 2 et *passim*. La forme *euvlier*, citée par Lauer dans son glossaire (*RC*, p. 128) est introuvable. (A ajouter la forme francienne : *oublierent* XLVI, 10–11.)

Le groupe *-P'L-* devient *-bl-* dans le nom de lieu *Coustantinoble* I, 2 et *passim*. On peut y voir l'influence de l'étymologie populaire. Ce groupe est réduit à *l* dans *pule* XLVIII, 49 [POPULU], mais ici encore il existe un doublet savant en *pl* : *pueplee* LXXX, 26 [POPULĀTA]. (A noter une réduction semblable de *B'L* dans *afulement* XCVI, 20, *asfula* XCVI, 26 [*AFFĪBULA].)

1.4. Liquides
1.4.1. *r + l*, métathèse

L'assimilation des deux liquides du groupe *-rl-* en *-ll-* est un trait picard (G, pp. 91–92) très rare dans *RC*. Nous en avons trouvé seulement deux exemples : *pourpallee* XXXIII, 91 et *pallert* CXVI, 39. Dans tous les autres cas le mot *parler*, très fréquent, garde *-rl-*.

Les mots qui proviennent de FIRMĀRE ont toujours subi, dans notre texte, la métathèse en *frem-*, ainsi : *fremer* XIV, 5 et *passim*; *fremal* XCVI, 53.

De même il y a métathèse dans *fenelessement* XXI, 86 [*FILLONĀTIA + MENTE]. La métathèse dans *pourchession* LXXX, 4 et *passim* s'explique probablement par une contamination avec la préposition *pour*.

Lauer (*RC*, p. xiii) cite *enterroient* comme un cas de métathèse. Il se peut, néanmoins, que cette forme résulte de l'insertion d'un *e* épenthétique dans le groupe dentale + liquide. Cette épenthèse est assez commune en picard. (Voir la discussion de ce *e* svarabhaktique dans *G*, pp. 82–83 et 107–108.) Notre texte en possède de nombreux cas, par exemple : *meterai* XXXVI, 18; *remeterons* LIX, 29 (vis-à-vis *metre* LXXVIII, 40); *prenderoient* LXXVIII, 51 (vis-à-vis *prendre* LXXX, 26). Le cas de *enterroient* est compliqué par la chute de *e* entre deux *r* qui accompagne l'épenthèse de *e* entre la dentale et la liquide. Nous pouvons observer le même processus dans : *deliverroie* LXI, 21 (à côté de *delivrer* LXI, 23); *ouverroient* LXVIII, 3.

1.4.2. *-m'r-, -m'l-, -l'r-, -n'r-*

Une autre caractéristique bien picarde de notre texte est l'absence de la consonne intercalaire *d* dans les groupes secondaires *-l'r-* et *-n'r-*, et de la consonne *b* dans *-m'l-*. Par contre, le *b* intercalaire existe toujours dans le groupe *-m'r-* : *cambre* LXII, 3 et *passim*; *nombrer* LXXXIII, 44 et *passim*; *ramembrer* CXX, 11 et *passim*.

-l'r- devient *-rr-* (ou *-r-*) au futur (et au conditionnel) de vouloir : *vaurrés* V, 2; (*vaurés* V, 3) et *passim*, de même que dans : *asaurroient* LXXIII, 12 [*ASSALĪRE]. MELIOR, néanmoins, donne toujours *mieudres* XXXIII, 120 et *passim*. (Ce mot, selon *G*, p. 96, n'apparaît qu'avec la consonne intercalaire.)

-n'r- reste, dans la plupart des cas, *-nr-*, mais, parfois, *n* s'assimile à *r*. Ainsi : *tenroit* XXXIX, 15 et *passim*; *devenres* LXX, 1. Le *-nr-* de *vinrent* LXVI, 66 et *passim* se transforme parfois en *-rr-* : *virrent* LXVI, 62 et *passim*. Comme le parfait de *voir* à la troisième personne du pluriel peut être *virent* LXVI, 59 et *passim*, ou *virrent* XIV, 3 et *passim*, il existe une possibilité d'homophonie fâcheuse. Le scribe semble s'en rendre compte, car, aussitôt que ces deux verbes se trouvent l'un à côté de l'autre, il distingue soigneusement entre les deux, par exemple : *Et quant si message VINRRENT la, si VIRRENT bien que che fu veirs* XXII, 48–49.

Quoique le *b* intercalaire du francien ait largement influencé la *scripta* picarde, où les doublets en *-mbl-* sont considérablement plus fréquents que ceux en -*ldr*- (voir *G*, p. 97), le caractère foncièrement picard de notre texte est, une fois de plus, démontré par une résistance tout à fait remarquable à cette infiltration. Ainsi SIMULĀRE a toujours donné *sanler*, par exemple *sanloit* LXXIV, 69 et *passim* et INSIMUL est presque toujours représenté par *ensanle* CV, 24 et *passim*; il a donné une fois *ensamble* II, 4. De même n'avons-nous trouvé qu'un seul exemple de *asamblerent* II, 1, tandis que *asanlerent* LXXVIII, 31 et *passim* se retrouve partout. Le cas de *translast* XLII, 6 [TREMULĀRE] est parallèle.

1.5 *H*

Notre texte préserve partout le *h* d'origine germanique, par exemple : *herbegier* X, 6–7 et *passim*; *haches* LXXIV, 50 et *passim*; *hontes* XXII, 12 et *passim*; de même que dans le mot *haut* II, 1 et *passim*.

Le scribe n'est pas du tout conséquent dans l'usage du *h* d'origine latine (*oueneroient* XXXI, 17 mais *houneur* XXIV, 7 et *passim*, toujours avec un *h*). Il ne l'est pas non plus à l'égard du *h* qui figure souvent devant la diphtongue *ui* pour éviter la confusion avec *vi*[15]. Nous trouvons donc des formes telles que : *uissiers* LXIV, 17 et *passim*; *hui* XLVII, 67 [HODIĒ]; *huiriere* LXIV, 12. Nous mentionnons ce fait parce que *RC*, compliquée davantage par l'emploi de *wi* au lieu de *ui* (voir ci-dessus 1.3.1), représente ici le seul cas où la défectuosité des moyens orthographiques produise en effet une confusion de sens. Il s'agit du mot désignant une « porte » qui est écrit : *uis* XXI, 66; *wis* LXXV, 13 et *huis* LXXXV, 13. Ainsi, Jeanroy[16] a sans doute raison quand il dit que la phrase *et si i avoit HUIS par dedens les colombes* [= colonnes] *par ou on i montoit* XCII, 7–8, aurait plus de sens si on lisait *vis* (escalier tournant) au lieu de *huis*.

2. Voyelles

2.1. *A*

Le développement occasionnel du *a* tonique libre en *ei* en ancien picard est extrêmement rare dans *RC*. Nous en avons trouvé deux exemples : *parlei* XXX, 3 et *mandei* XXXIII, 2 (à côté d'innombrables exemples en *e*).

Les terminaisons -AVU, -AUCU (-AUCA) ont souvent abouti en picard

---

[15]Beaulieux, *Histoire de l'orthographe française*, I, pp. 62–63.
[16] « Corrections », p. 393.

à *eu* (à côté du développement francien qui s'arrête à *ou*; voir G, p. 37). Ce *eu* résultant d'une dissimilation de *ou* se retrouve dans les formes : *cleus* LXXXII, 25; *cailleu* XXXIII, 62 et *passim*[17].

2.1.1. La préservation du *a* prétonique libre dans le groupe [K] + *A*, caractéristique bien picarde, est très commune dans notre texte. (Voir les exemples ci-dessus 1.1.5.)

2.2. *E* ouvert

Le groupe -ELLUS (-ELLOS) est devenu d'abord -*eaus* puis le premier élément de cette triphtongue s'est palatalisé pour donner -*iaus*. Notre texte témoigne partout de la forme en -*iaus* : *biaux* [*msRC* = *biaus*] I, 77 et *passim*; *biauté* LXXXII, 19 et *passim*; *touniaus* XXV, 20; *coutiaus* XXV, 78; *castiaus* XIII, 29 et *passim*, etc.

MELIUS a donné normalement *mieus*, mais en picard cette forme est souvent reduite en *mius* (probablement à cause de l'accent qui tombait sur le premier élément de la diphtongue *íe*; voir G, pp. 49-50). Dans *RC*, *mieus* est usuel (*miex* LXXVI, 25 et *passim*) et *mius* (*mix* XCVII, 5) exceptionnel. (Voir ci-dessous, chap. III, 2.8. *Grius / Grieus* < GRAECŌS.)

2.3. *E* fermé

Ce qui caractérise le picard, c'est le développement des terminaisons -ILLUS -ILLŌS parallèle à celui de -ELLUS -ELLŌS, c'est-à-dire, *e* (ouvert) + *l* > *el* > *eal* > *eau* > *iau* ou bien *au*. Ainsi, dans notre texte, le pronom ILLŌS a toujours abouti à *aus* LXXIV, 56 et *passim* (parfois écrit *ax* XCVIII, 2). Notre texte ne possède pas la forme *iaus*. Le pronom démonstratif < ECCE + ILLŌS, sous l'influence de la palatale, sans doute, est toujours *chiaus* I, 71 et *passim* (parfois la graphie en est *chiax* I, 72).

Par contre CAPILLŌS n'a pas abouti à *cavaus* (ou *caviaux*) mais à *caveax* XXXVII, 20. Nous ne pouvons pas, bien entendu, savoir la valeur phonétique de ce *e* dans cette triphtongue. CONSILIU + *s* a donné régulièrement *consaus* XCV, 7 et *passim*.

[17]PAUCU donne dans notre texte *peu* LVII, 3 et *passim*. Il est impossible, bien entendu, de déterminer si cette forme picarde représente un aboutissement naturel ou un emprunt au francien où cette forme a subi le développement exceptionnel en *peu*. Le développement exceptionnel du francien *pou* > *peu* date du milieu du 13ᵉ siècle. Voir : Halfenbein, « Die Sprache », pp. 353-354; et aussi *FEW*, VIII, p. 51.

E fermé suivi d'une nasale a donné *ain* (à côté du *ein* francien). Notre texte, comme presque tous les textes picards (cf. *G*, p. 54), présente des formes en *ain* : *achainte* LXXVIII, 20; *paines* CIV, 8 et *passim*. (*Pleinement* LXII, 32 représente une faute de transcription : *msRC = plainement*.)

2.3.1. *E* et *O* protoniques devant un *s* (provenant de l'assibilation d'une palatale latine) aboutissent en picard à *i*. Mais notre texte donne de nombreuses formes en *oi* francien témoignant encore une fois du caractère composite de la *scripta* picarde. Nous n'avons pu isoler que les formes suivantes en *i* : *demisiaus* LIV, 9; *demiselles* XLVII, 70-71, 72; XLVIII, 47; CVIII, 5-6 (mais *damoisele* XX, 6, 8; XXI, 5); *reconnisoient* XLI, 24-25, 26; *connissiés* CI, 15, 16, 22; *connissions* CI, 20; *anchiseurs* CVI, 34-35, 36[18].

2.4. O ouvert

Un trait typiquement picard se présente partout dans notre texte; c'est la diphtongue *au* qui provient d'une ouverture de *o* dans le groupe *o* ouvert suivi d'un *l* + consonne : *caus* LXXXVIII, 5 et *passim* [*COLPUS]; *decauperont* LXXIV, 43 et *passim* (par contre *couperaient* XXII, 37; *decopé* XVIII, 73); *saus* LX, 30 (à côté de *sols* LXVIII, 19); *taut* XXXVIII, 4 [TOLLERE]; *vaut* LXXX, 32 et *passim* [*VOLĒRE]. Quoique les formes en *au* prédominent, le caractère « koïné » de la *scripta* est confirmé ici encore par les « exceptions » en *ou*, *o* (*eu*).

2.4.1. Les formes qui résultent de LOCU, FOCU, IOCU méritent un traitement à part. Leur développement dans le dialecte picard est très varié[19].

Notre texte présente une évolution assez uniforme. FOCU et IOCU donnent, probablement grâce à la perte du *e* médien de la triphtongue *ueu*, les formes : *fu* LXXVIII, 38 et *passim*; *jus* XC, 4 et *passim* (écrit parfois *gius* XC, 14, 26). Par contre la forme résultant de LOCU, sans doute à cause de la consonne initiale, n'est pas conforme à celles de *fu* et de *jus* : *lieu* XVIII, 31; LXXXV, 25; LXXXIII, 46. Mais la forme plus authentiquement picarde existe dans l'expression *en liu de* XCVI, 53.

[18]L'éditeur de *RC* a transcrit le symbole .lx. comme *soisante* LXIV, 13-14 et *passim*. Or, le picard possédait aussi la forme *sisante*. (*G*, p. 68, n'exclut pas la possibilité de l'influence de *sis*.) Etant donné l'emploi de *demiselle*, etc., dans *RC*, la transcription (si elle avait été à souhaiter) aurait dû être en *sisante* plutôt qu'en *soisante*. Cf. note 5 ci-dessus.

[19]Voir à ce propos une discussion très intéressante de *G*, pp. 59-61.

2.5. O fermé

La forme *JOVENE (< IUVENE) nous a donné *jone*, L, 5. Mais, à côté de *jone* il existe, dans notre texte, ce que *Gdf* (IV, p. 660) appelle « la forme particulière de *jeune* » : *joules* XXI, 35; *joule* CV, 11[20].

O fermé sous l'influence de yod devient en francien et en picard *oi*. Mais, en picard, cette diphtongue se simplifie parfois en *o*. Dans notre texte les formes en *oi* prédominent, par exemple : *estoires*[21] I, 1 et *passim*. [HISTORIA]

PŌMUM est devenu dans maints documents picards *pume*. (Notre texte donne *pume* LXXXVI, 14, 14; XCVII, 4; *pumel* LXXXVIII, 3; *pumiax* LXXXVIII, 5.) G (p. 65) explique le changement de *o* en *u* par l'influence des deux labiales environnantes.

2.5.1. O protonique (surtout initial) est très souvent réduit à *e*. Selon G (p. 71), cette réduction est particulièrement fréquente en picard. En effet, nous en avons trouvé plusieurs exemples dans *RC*. La plupart d'entre eux sont dus à l'influence dissimilante de la voyelle tonique[22] : *kemanda* XXXIII,

---

[20]Le développement de la forme *joule* n'est pas clairement explicable. Il se peut que l'explication de la présence du *l* se trouve dans la forme normande *giemble* (*gemble*). Thomas, *Essais de philologie française*, p. 6, justifie cette forme par des critères purement phonétiques : IUVENE > *juev'ne* > *gievne* > *gim'ne* > *giem'le* > *giemble*. (*FEW*, V, p. 95, cite et accepte cette explication.) Dans la forme *joule*, le groupe *v'n* de **jov'ne* serait devenu *v'l* pour donner **jovle* qui serait devenu normalement *joule*. (De même que *tab'le* > *tav'le* > *taule* > *tôle*.) Mais nous sommes persuadé qu'il ne faut pas exclure la possibilité d'une analogie. Il se peut que la forme féminine de l'adjectif *vielle* ou bien l'abstrait *vielleche*, ait eu une influence analogique sur la forme > **JOVENE*. Du point de vue sémantique, du moins, ces deux mots présentent un exemple parfait de ce que M. Yakov Malkiel appelle la polarisation lexicologique. Cf. « Ancient Hispanic vera(s) and mentira(s) », « Lexical Polarization in Romance » et « Diachronic Hypercharacterization in Romance ».

[21]La diphtongue *oi* dans *estoire*, mot très souvent employé dans notre texte, qui vient du grec στόλον, doit être le résultat d'une confusion avec le mot *estoire / estore* < HISTORIA. Les deux formes *estoire* et *estore* (la flotte) sont employées avec à peu près la même fréquence (*estoire* XIII, 54 et *passim*; *estores* XXXI, 17 et *passim*). Elles semblent démontrer que le *i* dans la diphtongue *oi* ait été très faiblement prononcé.

[22]Mais la réduction de *o* en *e* dans *demiseles* XLVII, 70–71 et *passim*, *demisiaus* LIV, 9 et *passim* est probablement due à la confusion de la syllabe initiale avec le préfixe *de-*. Telle est l'opinion de Schwan-Behrens à propos de la forme *demaine* (*Grammaire de l'ancien français*, pp. 17–18). *E* dans *evlia* LXII, 1 et *passim* résulte en toute probabilité de l'influence de la consonne labiale qui suit, tandis que *e* dans *volentiers* VI, 42 et *passim*, peut représenter un savantisme [VOLENS].

48 et *passim* (écrit aussi *quemanda* LXXIII, 16); *kemune* XCIII, 15 et *passim* (*quemun* LXXXI, 25 et *passim*); *kemeniaissent* LXXIII, 14 et *passim* (*quemenierent* XLI, 35 et *passim* à côté des formes savantes : *communité* XCIV, 3-4; *communaument* XIII, 16-17); *sereur* XIX, 6 et *passim* (*seureur* XXI, 3).

Les formes *men*, *ten*, *sen*, c'est-à-dire, les adjectifs possessifs employés proclitiquement, représentent, au point de vue phonétique, une réduction analogue à celles discutées ci-dessus.

2.6. *AU*

La diphtongue *AU* (latine) a subi le même développement en picard qu'en francien. Mais le *au* « secondaire » (< -AB-, -AV-) en picard se simplifie dans les formes du futur et du conditionnel des verbes *avoir* et *savoir*; nous trouvons, ainsi, dans *RC* : *ara*, *sarons*, tous les deux CI, 25 et *passim*. *Au* < *al* s'est simplifié en *a* devant *m* dans : *roiames* XXXIII, 103 et *passim* (mais aussi *roiaumes* XXXIII, 99 et *passim*); *Willames* I, 46.

Conclusions du premier chapitre

L'examen que nous venons de faire confirme ce à quoi on pouvait s'attendre : *RC* est un bon exemple de la *scripta* picarde, c'est-à-dire c'est un texte foncièrement picard parsemé d'éléments franciens.

Pour un texte littéraire, *RC* présente une régularité frappante. Le scribe est systématiquement « picard » surtout dans les graphies dialectales -*iau*, -*au* (< -ELLUS, ILLUS et *o* ouvert + *l* + consonne) et dans les graphies représentant la palatalisation de *T* et de [*K*]. De même, le texte est beaucoup plus « picard » que la plupart des documents littéraires que G a discuté à propos de l'emploi systématique des graphies dialectales dans les mots auxiliaires. Nous pensons ici aux démonstratifs en *ch*-, à *cascuns*, aux formes qui seront discutées dans le chapitre suivant, c'est-à-dire, aux adjectifs possessifs *men*, *ten*, *sen*, *no*, *vo*, etc., au pronom personnel *mi*, à l'article féminin *le*, etc. Les autres textes littéraires, contrairement aux chartes, montrent une grande influence francienne précisément dans les mots auxiliaires. A ce point de vue la langue de notre scribe s'approche donc de la langue des chartes, c'est-à-dire, de la langue destinée surtout au public bourgeois[23]. Cette forme fondamentalement dialectale, bourgeoise, va de pair avec le caractère essentiellement populaire du récit.

[23]Sur le caractère essentiellement bourgeois des chartes et sur le rôle de la bourgeoisie dans l'élimination du latin comme langue de documents, voir une discussion très intéressante dans Gossen, *Die Pikardie als Sprachlandschaft des Mittelalters*, pp. 13-17.

Le caractère prédominamment picard du manuscrit indique qu'il n'est pas antérieur à la seconde moitié du 13ᵉ siècle. Mme Lewicka dit à ce sujet : « En effet, il est bien connu que les premiers documents du territoire picard sont moins dialectaux que les textes plus récents. Il faut chercher la cause de la picardisation progressive dans la formation graduelle de la norme picarde écrite[24]. » Comme époque initiale de l'accomplissement de cette norme, elle donne la seconde moitié du 13ᵉ siècle. Ceci est conforme aux constatations de Lauer (*RC*, p. iii) qui, se fondant sur des critères paléographiques, place le ms. vers la fin du 13ᵉ siècle ou au début du 14ᵉ siècle.

Enfin, soulignons que le système graphique employé par le scribe joue très bien son rôle principal qui est d'indiquer clairement le sens du texte. A part le cas de *huis* / *vis* discuté ci-dessus (1.5) le texte ne présente aucun autre cas où il y ait confusion de sens, quoiqu'il existe des cas d'homophonie comme celui résultant de *vinrent* > *virrent* (1.4.2) ou celui résultant de l'aboutissement à *vau-* des formes verbales < *VOLĒRE et VALĒRE (2.4).

---

[24] « Dialekt a Styl » , p. 448.

CHAPITRE II

Morphologie et syntaxe

Contrairement à la phonétique de *RC* qui jusqu'à présent n'avait pas été l'objet d'une étude approfondie et systématique, sa morphologie, et surtout sa syntaxe, ont été discutées dès 1884, date où Arthur Raumair achevait sa thèse intitulée : *Ueber die Syntax des Robert von Clary.* Suivant la méthode de son temps, Raumair tâche de présenter une sorte de grammaire complète de la langue française à l'époque de *RC*, ne se souciant pas trop de distinguer les traits qui sont propres à la compréhension et à l'appréciation des problèmes particuliers à notre texte des traits qui sont communs à la langue d'oïl contemporaine. En dépit de ses défauts, la thèse de Raumair reste quand même une véritable mine d'informations sur la morphologie et la syntaxe de *RC*. Pour que l'exploitation de cette source soit valable, le lecteur doit, après s'être rendu compte de la méthode de Raumair, vérifier dans l'édition de Lauer tous les exemples cités par celui-ci. (Raumair a eu recours à l'édition Hopf — voir notre Introduction.)

Nous ne voulons pas répéter le travail de Raumair. Nous nous proposons plutôt de mettre en relief certains traits morphologiques et syntaxiques qui révèlent le caractère particulier du texte de *RC*. L'aspect dialectal de la morphologie y aura, bien entendu, sa place. Nous commencerons d'abord par étudier ces caractéristiques dans l'article défini.

1. Article

1.1. Notre texte présente systématiquement la forme picarde, c'est-à-dire, la forme c.-s. et c.-r., de l'article défini, féminin, singulier : *le.* Ainsi : c.-s., *le incarnations,* I, 7 et *passim*; c.-r., *le crois* IV, 10–11 et *passim. RC* ne possède que deux[1] formes franciennes en *la* : *la Filee* LXVI, 8; *de la chité* XLIV, 56. (Dans ce dernier exemple l'article est ajouté à l'interligne.)

[1]Les formes : *de la grant goie* XIII, 44; *la nuit* XIV, 2; *la boine femme* XXI, 66; *en la caiere* XXIV, 4; *en la caiere* XXIV, 5; *a la femme* XXXVIII, 3; *de la caaine* XLIV, 3; *de la chité*

La prépondérance du *le* féminin picard est un fait très significatif car, selon G (p. 99), « L'article *la* existe dans tous les textes picards. » Si nous supposons que le *la* dans *la Filee* LXVI, 8 (*msRC = lafilee*) n'etait pas considéré comme un article et que le *la* dans *de la chité* XLIV, 56 a été ajouté plus tard, on peut dire que notre texte fait excep tion à la règle énoncée par G.

1.2. Le dialecte picard, aussi bien qu e le dialecte francien, possédait pour le féminin, à côté de *le* (c.-s.), la forme analogique tirée du c.-s. masculin, c'est-à-dire, *li* (voir G, p. 99). Cette for me qui dénote probablement une confusion entre le masculin et le féminin est très rare dans *RC* : *li estoires* I, 1 [HISTORIA]; *li tere* XXXIV, 2–3.

1.3. En dépit de la confusion orthographique entre *le* (féminin) et *le* (masculin), nous ne croyons pas qu'il ait existé un état d'homophonie entre ces deux articles. La preuve de leur opposition phonologique est donnée par leur façon de se comporter quand ils sont précédés des prépositions *à*, *de* et *en*. Précédé de *à*, l'article masculin subit une contraction en *au* (LXXXI, 12 et *passim*); précédé de *de*, en *du* (XI, 18 et *passim*); précédé de *en*, en *u* (LII, 12 et *passim*). La dernière forme représente une simplification de la diph-tongue *eu* qui elle-même est le résultat de la vocalisation de *el < en + le*. La forme *eu*, quoique très rare dans *RC*, y figure parfois : *eu palais*, XXIII, 13. L'article féminin *le*, par contre, ne se contracte jamais. Ainsi : *a le* (XII, 28 et *passim*); *de le* (XIV, 35 et *passim*); *en le* (LII, 12 et *passim*).

1.4. Dans *RC*, le rôle principal de l'article défini est de marquer la déter-mination. Tous les noms préalablement mentionnés ou suivis d'une proposi-tion qui les détermine sont, en principe, précédés d'un article défini. Donc si dans *Aprés si kemanda on que tous LI avoirs des waains fust aportés...* LXXXI, 1–2, il y a un article défini (*li*), c'est que cet « avoir » a été discuté au chapitre précédent, alors que dans *il iroient pour LE jone vaslet que li Franchois avoient amené...* L, 5–6, l'article défini (*le*) est employé parce que « vaslet » est décrit (déterminé) par la proposition subordonnée qui suit. Vu l'impor-tance de ce problème nous examinerons quelques aspects intéressants de cet emploi.

XLVI, 12; *de la batalle* XLVII, 60; *de la cité* LXVIII, 13 et *la grace Dieu* LXXIV, 51 proviennent soit de fautes de transcription, soit d'erreurs typographiques, car *msRC* montre clairement *le* dans tous ces cas.

1.5.   Commençons par un cas peu usuel de l'emploi de l'article défini. On trouve dans notre texte l'article défini devant certains noms de ville. On peut remarquer la même préférence chez Villehardouin[2]; il est donc permis de croire que les croisés gardaient l'article qui accompagnait certains noms de ville grecque quand ils traduisaient ceux-ci : *l'Andremite* [Edremid] CXI, 2; *au Coine* [Konieh] XX, 18–19 et *passim*; *la Filee* [Philée] LXVI, 8.

1.6.   Cet emploi spécial de l'article défini peut être considéré comme une exception car, en général, l'article défini, répétons le, exprime une détermination. Bien plus, l'inverse est vrai : l'absence d'article devant un nom dénote en général une indétermination. Il y a plusieurs types d'indétermination ainsi exprimée. Le premier se trouve dans les substantifs pris en un sens général ou générique : *et si portoient baniere* I, 70; *che fust menchoingne* XCII, 42–43; *se che seroit pechiés* XXXIX, 10; *de liwer estoire* V, 9, etc. Le seul cas où nous ayons trouvé l'article défini devant un nom pris en un sens non-déterminé se trouve dans l'expression « bouter (ou mettre) le feu » : *si bouteroient le fu* LXXVIII, 50. (Voir aussi XLVI, 16; XLIX, 15; LX, 15; LXXVIII, 38.) Il s'agit, nous semble-t-il, d'une expression fixe : « bouter (mettre) le feu » . Remarquons que le français moderne tolère « prendre feu » (cette expression appartient à la catégorie discutée ci-dessous, 1.8), mais exige « mettre LE feu » .

1.7.   Un deuxième type d'indétermination embrasse les expressions désignant des qualités abstraites. Elles sont très souvent accompagnées d'adjectifs suggérant l'idée d'augmentation de ces qualités : *si avoient li pleuseur grant peur et grant doute* XCV, 12; *che fu molt grans damages et mout grans pitiés* CXIX, 5–6; *che fu molt grand* [msRC = *grans*] *deus et molt grans damages* LXV, 48–49 et *passim*; *si li prist molt grans talens* XXVI, 1; *S'il eurent grant goie et grant feste demenee*, XIII, 50–51 et *passim*; *aront si grant haste* XXXVI, 21, etc. Ces expressions sont parfois de simples compléments circonstanciels de manière : *li vens les acachoit grant aleure* LX, 19 et *passim*.

1.8.   Un cas d'indétermination spéciale, si nous le considérons du point de vue de la langue moderne, se trouve dans les expressions formées d'un verbe et d'un substantif du type de « tenir tête », « prendre feu », etc. Dans son article sur les auxiliaires, Gustave Guillaume[3] discute ces formes. Selon

---

[2]Villehardouin, *La Conquête*, II, p. 319.

[3]« Théorie des auxiliaires et examen de faits connexes » .

Guillaume, ces expressions représentent « la liaison la plus étroite d'un verbe à un complément » . Dans le groupe « tenir tête », le verbe « tenir », tout en retenant entière son identité formelle, perd par association avec le substantif « tête » une partie de sa valeur sémantique. Cette perte est compensée par la valeur sémantique du substantif qui s'attache maintenant à celle du verbe. C'est donc une association, une coexistence linguistique dans laquelle les deux membres perdent une partie de leur valeur individuelle au profit de la valeur commune. *RC* possède un assez grand nombre de ces expressions dont la plus fréquente est *prendre conseil* XLVIII, 32–33 et *passim*. Le verbe « prendre » entre aussi dans d'autres combinaisons : *si prisent jour de l'empereeur coroner* XCVI, 6; *prisent congié* III, 21 et *passim*; *preng warde* LIX, 22–23; *femme de si bas parage ne prendroit il ja* CXVI, 31. On retrouve aussi dans ces expressions les verbes : *a)* « avoir », *si eurent malvais consel* LXV, 44–45; *car se... vous i aiés mester d'aïe* XLVII, 30–31; *li Sarrasin n'aroient triwes de lui* LXXXVI, 12–13; *b)* « faire » et « mettre », *li pramissent a faire lui servige* LIII, 7–8; *eurent fait convent* XI, 39; *il fisent markié* VI, 36 et *passim*; *forche ne feroient* LXVIII, 21; *y metoit plus paine que nus* XXXIII, 21; *i misent consel* CV, 22 et *passim*; *il main ne meteroient* LXVIII, 24; *et c)* quelques autres, *crioit merchi* XXII, 8 et LXXX, 4–5; *si nous envoiera Diex consel* XXXVI, 30–31; *se mestiers en estoit* XLVIII, 38; *donnerent il triwes* CV, 6; *de tenir loi* XCV, 22; *il li avoient tot juré feeuté* XXXIV, 20.

1.9.   L'examen des différents types d'indétermination de substantifs employés sans article nous mène au problème du partitif, problème important pour déterminer le caractère général de la langue de *RC*. Lucien Foulet (*F*, p. 83) opine : « L'article partitif au sens moderne a pris naissance dans la langue de conversation, s'y est développé tout d'abord et n'a pénétré qu'ensuite et graduellement dans la langue littéraire. » Il s'agit de déterminer jusqu'à quel point Robert de Clari, homme peu instruit, *povre chevalier* (voir *RC*, pp. viii–xi) est influencé par la langue parlée de son temps. En raison du caractère graduel du développement du partitif et du fait qu'il semble déjà accompli dans le *Jeu de la feuillée*, on pourrait s'attendre à en trouver quelques exemples dans *RC*. Or ce n'est pas le cas.

1.9.1.   Le partitif au sens moderne peut être considéré comme un cas de « non-détermination quantitative », c'est-à-dire, comme un cas spécial d'indétermination. *RC* exprime cette non-détermination par l'omission de l'article : *il dourroit a tous chiaus de l'ost... viande* XXXII, 12–14; *aporteroient tout a l'ost a droite partie hors euxtius et viande* LXVIII, 19–20; *on mesist le vaslet en une et gens avec lui* XLI, 15–16; *raisnavle acoison d'aler y et de prendre viandes* XVII, 4–5; *si commenchierent durement a… geter fu grijois as tours* LXXIV, 12–14, etc.

1.9.2. Notre texte possède, néanmoins, de nombreuses traces de l'usage qui, selon Foulet, serait à l'origine du partitif moderne. Il s'agit des expressions dans lesquelles on a supprimé les adverbes de quantité (*assez, molt, tant,* etc.), laissant la préposition *de*. Ce *de* exprime donc non la quantité vague et générale du partitif français moderne, mais, au contraire, « une fraction indéterminée d'une quantité parfaitement déterminée » (*F*, p. 69). En voici quelques exemples : *si i trova on de le vesteure Nostre Dame* LXXXII, 32; *si vinrent demander de leur nouveles* XLIX, 4–5; *si demanderent li baron as messages des nouveles de Coustantinoble…* CV, 7–8; *et li marchis leur offri de ses chevax et de ses joiaus* III, 22–23; *il eurent acaté des nouveles viandes* XIII, 48–49; *et prisent des galies as Grius qui estoient dedens le port et des nes* XLIV, 6–8; *il li aidaissent a conquerre de le tere entor* LVII, 5–6; *il voloit aler conquerre de le tere* XCIX, 4–5; *s'il voloient de sen or et de sen argent* XLI, 4–5, etc.

1.9.3. Ce *de* est surtout employé avec le mot *gent* : *si prent il de se gent avec lui* XXV, 37–38. Cet usage est si répandu qu'on retrouve le *de* devant *gent* même au c.-s. ce qui n'arrive jamais ailleurs : *Et atira on que li dux de Venice demora, et li cuens Loeis, et de leur gens avec aus* XCIX, 7–8; *que ch'estoit de le gent l'empereeur Androme…* XXV, 22–23; *estoit venus Morchofles li traïtres, li empereres et de se gent avec lui…* LXX, 13–14; *si s'en entra en une galie et de ses gens avec lui…* XXIII, 18–19, etc. Nous avons traité à part l'emploi de la particule *de* devant *gent*, parce qu'il illustre particulièrement bien l'explication de l'origine du partitif donnée par Foulet. Dans chacune des quatre phrases citées ci-dessus *gent* exprime clairement une fraction indéterminée d'une quantité déterminée et connue, c'est-à-dire, une partie des troupes du comte Louis, de l'empereur Andronic, de l'empereur Murzuphle et encore une fois de l'empereur Andronic, respectivement. Dans toutes ces phrases on pourrait ajouter une expression de quantité (*assés, molt,* etc.) sans changer fondamentalement le sens. (Comparez, par exemple, *si s'en entra en une galie et de ses gens avec lui…* XXIII, 18–19, avec *si prist molt de se gent avec lui* XXIII, 2.) Ces deux phrases décrivent la même situation avec cette différence que, dans la seconde, *gent* est un peu plus déterminé par *molt*.

1.9.4.   Le partitif au sens moderne n'existe donc pas dans *RC* alors qu'on le trouve déjà dans *La Feuillée* (voir *F*, p. 81). Il y a deux explications possibles de cet état de choses : *a*) ou le partitif aurait été créé par les deux générations qui séparent Robert de Clari d'Adam de la Halle, *b*) ou Robert de Clari aurait évité d'employer le partitif, alors élément exclusivement populaire. L'absence dans *RC* d'autres traits (lesquels nous discuterons plus loin) provenant de la langue parlée, nous porte à accepter l'explication *b*) de ce phénomène.

2.   Pronom personnel c.-s.

2.1.   Le dialecte picard possède deux formes c.-s. du pronom personnel, singulier, première personne : *jou* et *je*. G (p. 100) constate qu'en picard, une distribution des fonctions a eu lieu à l'égard de ce pronom : *je* est atone et *jou* tonique[4]. *RC* semble confirmer cette constatation. Nous disons « semble » car il est parfois difficile de savoir si la forme d'un pronom est tonique ou atone dans des phrases comme *Se jou le coroune* XXII, 34 et *Jou ai un mien frere* LII, 46. Ce dernier exemple est intéressant car il montre l'absence d'élision. Puisque la forme tonique ne s'élide pas, *jou* + voyelle serait indubitablement la forme forte. Nous pouvons noter que *RC* emploie *jou* quand le pronom est *a*) disjonctif, *b*) enclitique. Ainsi, comme exemple de *a*), *Il ne sont que deus hommes qui doivent donner : Damediex et jou* XVIII, 15-17, et comme exemple de *b*), *Mais or kemanch jou* XVIII, 74.

2.2.   Il existe un doublet semblable pour le pronom démonstratif neutre c.-s. : *che* et *cho* [*u*]. Il serait tout à fait logique de supposer que *chou* représente la forme tonique et *che* la forme atone, mais comme ces formes ne se prêtent ni à l'emploi disjonctif ni à l'emploi enclitique, nous ne pouvons fournir aucune preuve à part celle de l'analogie avec *je / jou*. Ici encore la forme atone *che* est plus commune. Voici quelques exemples de ce doublet : *ch'estoit* XXV, 22; *tout chou fu fait* LXIX, 1; *che sanloit* XLVII, 75; *che me sanle* XXV, 55; *Quant che vint* LXXIX, 1; *chou ne valoit riens* CV, 2. Nous n'avons trouvé aucun cas de non-élision de *che* (ou *chou*) devant la voyelle.

[4]L. Foulet (*F*, p. 154) exprime la même idée quoiqu'avec maintes réserves. Il fournit quelques exemples tirés d'un texte picard (*Jeu de la feuillée*). Pour une discussion plus étendue du doublet *je* (atone) *jou* (tonique) voir p. 312 dans l'article par la même auteur : « L'Extention de la forme oblique » .

2.3. Au point de vue de la forme, les autres pronoms personnels n'ont rien qui doive nous arrêter. Ce sont *tu, il, ele, eles, nous* et *vous*. *Il* ne prend jamais le *-s* au pluriel. Ce *-s* a probablement surgi par analogie avec les noms à l'accusatif pluriel au moment où les cas ont perdu leur valeur syntaxique. On verra que *RC* fait toujours la distinction c.-s. / c.-r. dans les noms. L'absence du *-s* analogique dans *il* est donc tout à fait naturelle. Après la conjonction de coordination *que, il* (singulier et pluriel) se réduit parfois à *i* : *qu'i leur nomma* XVIII, 31; *de le grant goie qu'i eurent* XIII, 31–32, etc.

2.4. Au point de vue fonctionnel, notre texte présente un certain intérêt dans le cas du pronom c.-s. en ancien français. Ces pronoms sont affaiblis en français moderne au point de ne représenter plus que des morphèmes préfixés aux formes verbales qui portent, ou bien toute la signification (personne, nombre) comme dans *tu parles*, ou bien qui annonce la valeur (première personne du pluriel) déjà incluse dans le morphème *-ons*, comme dans *nous parlons*. Dans ce dernier cas, *nous* joue quand même le rôle d'un morphème puisqu'il exprime l'opposition entre l'indicatif *nous parlons* et l'impératif *parlons*. En français moderne, dans presque tous les cas où le nom-sujet n'est pas exprimé, le verbe doit être accompagné d'un pronom obligatoire. Et comme ce pronom a perdu sa force tonique, la langue actuelle emploie au c.-s., pour insister lorsqu'il le faut, les pronoms forts du c.-r.: *moi, toi, lui, eux*. C'est parce que ce processus est très ancien et probablement de provenance populaire[5] que nous croyons important d'examiner les pronoms personnels c.-s. dans *RC*. Rappelons encore une fois que notre texte est un des premiers exemples de prose non traduite du latin ou transcrite de la poésie. En poésie l'absence ou la présence des pronoms c.-s. pouvait être dictée par des raisons métriques, et dans les traductions du latin, l'absence de ces pronoms s'expliquerait par l'influence consciente ou inconsciente du latin.

[5]L. Foulet, « L'Extention de la forme oblique » , pp. 408–410, considère que *moi* c.-s. apparaît d'abord dans la langue populaire. Les premiers exemples de cet usage dans la langue littéraire se trouvent dans *Yvain, Perceval, Philomene, Troie* où *moi* c.-s. coexiste avec l'usage traditionnel de *je* tonique. Dans le domaine picard l'apparition de *moi* c.-s. semble être plus tardive. Ni *Aucassin et Nicolette*, ni Villehardouin, ni le *Jeu de la feuillée*, ni le *Jeu de Saint Nicolas* n'ont *moi* c.-s. Ce *moi* apparaît chez Adam de la Halle pour la première fois dans le *Jeu de Robin et Marion*. La date de composition de cette œuvre est fixée en 1285; voir Lévy, *Chronologie approximative de la littérature française du moyen âge*, p. 24.

2.4.1. Constatons de prime abord que *RC* n'emploie pas au c.-s. les pronoms *moi, toi,* etc. Chaque pronom c.-s. peut donc être tonique ou atone (voir *F,* pp. 329–330), quoique ces pronoms, à part *jou / je,* ne possèdent pas de forme spécifiquement tonique.

2.4.2. En examinant les phrases sans noms-sujets, on découvre immédiatement les trois cas suivants : *a*) verbe accompagné d'un pronom c.-s. tonique, *b*) verbe accompagné d'un pronom c.-s. atone, *c*) verbe sans sujet; par exemple : *a*) *ne sui jou sires et rois ?* XXXIV, 30–31, *b*) *je m'en vengeroie volentiers* XIV, 9–10, *c*) *ne sai ou* CVIII, 5. C'est à la première personne du singulier seulement qu'on peut établir une distinction nette entre les catégories *a*) et *b*), mais on peut toujours considérer comme tonique les pronoms en position enclitique et ceux qui sont séparés de leur verbe par une série de mots intercalés. Ainsi, par exemple, *vous,* sûrement tonique dans la phrase *En non Dieu, fist li marchis, ne sires ne rois ne n'estes vous* XXXIV, 31–32, est doté de plus de force emphatique que dans la dernière partie de la même phrase, *ne vous n'i enterrés, car vous avés tot houni...* XXXIV, 32–33. Le même, nous osons croire, est vrai de *que vous pour l'amour de Damedieu pregniés le crois* IV, 10–11, en comparaison avec le commencement de la même phrase, *que vous soiés nos sires* IV, 9.

A l'impératif le pronom c.-s. n'est employé que rarement. Dans un tel cas il est sans doute tonique et possède probablement une grande force emphatique : *bien saches tu* LIX, 30.

2.4.3. Ce qui nous intéresse c'est surtout la distinction entre les catégories *a*) et *b*) d'une part et *c*) d'autre part. La majorité des verbes privés de pronom c.-s. se trouvent après *si.* Examinons donc cette particule. L. Foulet (*F,* p. 300) considère ce *si* comme une des « particules les plus caractéristiques de l'ancienne langue. Pas de page où elle n'apparaisse plusieurs fois. » Dans notre texte la forme de cette particule est *si,* mais, surtout devant le pronom c.-r. indirect *li* et devant l'adverbe *y,* elle devient parfois *se,* par suite de la dissimilation vocalique : *se li disent...* IV, 3; *se y sejournerent un peu* XIII, 47, etc.

Quelle est la signification de cette particule ? D'abord elle peut avoir un sens adverbial [SĪC] quand elle accompagne un verbe : *Si les balla on au message le duc* VIII, 12, etc. On peut la traduire par « ainsi » . Elle conserve cette dernière signification dans la combinaison *et si* qui sert à coordonner les phrases. Ce mode de liaison jouissait d'une grande vogue en ancien français. Mario Roques[6] définit ainsi sa valeur : « C'est le latin *et sic* au sens de : *et ainsi, et les choses étant ainsi*, ou comme on entend encore dire familièrement : *et alors, et comme ça*, c'est un moyen d'affirmer la solidarité logique de deux faits une conséquence et non pas seulement une consécution ou une concomitance. » Mais, la plupart du temps, *si* est une conjonction qui sert simplement à marquer une consécution ou bien une concomitance : *s'en alerent en Venice, si parlerent au duc...* VI, 15-16; *Et chis li respondi molt fenelessement, se li dist* XXI, 85-86. Dans ces cas, on traduirait *si* par « et » . Parfois même la valeur conjonctive de cette particule est encore plus faible : elle marque l'introduction du verbe de la proposition principale quand celle-ci est précédée d'une proposition subordonnée de temps : *Quant li baron l'oïrent, si en furent molt lié* VIII, 5-6; *Quant il vint la, si fist apeler* XXI, 66, etc. En français moderne, ce dernier *si* serait remplacé par le pronom c.-s., *ils* et *il* respectivement.

2.4.4. Quelle que soit la valeur adverbiale ou conjonctive de *si*, cette particule entraîne toujours l'inversion du sujet : *si respondi li dux as messages* VI, 24; *Si est Blakie une molt fort tere* LXIV, 21-22; *si se logierent li haut homme* XLIV, 24; *Si kemanda on* VI, 6; *si leur bailla on des deniers* VIII, 8-9; *se li recousi on le cote as boutons d'or* XCVI, 46; *si le prent il par traïson* XXVIII, 4; *se li keurent il sus* LXXIV, 42; *si prent il de se gent* XXV, 37, etc.

L'inversion du sujet devait affaiblir considérablement le rôle des pronoms personnels c.-s. car ils sont très souvent absents dans les phrases qui commencent par *si* : *je fui...en Alemaingne... Illueques si vi* XVII, 9-11; *si n'en feras plus* LIX, 26; *si les sivi* XVIII, 38; *et si porriemes bien outre mer aler* XVII, 7-8; *si me laissastes tout seul* XVIII, 72; *si y misent si bele pais* XV, 5-6, etc. Tous les pronoms personnels peuvent être omis à l'exception du pronom indéfini *on*, qui ne l'est jamais[7].

---

[6] « Le billet de Jean de Gisors » , p. 288.

[7] *La si le desvesti* ON *de ses dras et si le descaucha* ON, *si li caucha* ON... XCVI, 13-15. (La description du couronnement de Baudouin, d'où ce passage est tiré, comprend, en tout, une quinzaine de *on* disséminés sur une page et demie.) La préservation de *on* émane de la distinction obligatoire entre *on* et *il* (ou *ele*), car l'absence du pronom c.-s. devant ou après un verbe ayant une terminaison à la troisième personne du singulier a toujours une valeur de pronom défini, *il* ou *ele* : *Et quant li empereres vint devant l'autel si s'agenoulla, et puis se li osta on le mantel et puis le palle; si remest en pure le cote, se li descousi on le cote...* XCVI, 40-43.

2.4.5. A part le très fréquent *si* on trouve d'autres adverbes-conjonctions après lesquels le pronom c.-s. est omis. Ce sont *ains, après* et *ne*. En voici quelques exemples : *que nus marcaans n'alast marcaander, ains aidast a apareillier chest navie* XI, 40–41; *Ains y ont molt perdu* XI, 43; *il jounoient le marien, et après prisent sarment de vigne* LXIX, 8–10; *et il y unt puis tous jours atendu, ne n'i waaingnierent rien* XI, 41–43.

2.4.6. Les constructions où l'on trouve les adverbes-conjonctions mentionnés ci-dessus, surtout les constructions avec *si*, sont si communes qu'elles influencent probablement la stabilité du pronom. C'est sans doute à cause de leur influence que la conjonction *et* peut être suivie d'un verbe sans sujet : *il avoient molt despendu; et parlerent ensanle et disent qu'il...* XVI, 2–4; *si i avoit fait tendre ses vermeilles tendes, et faisoit ses buisines d'argent sonner et ses timbres, et faisoit molt grant beubant* LXX, 14–17. Ce dernier cas est d'autant plus intéressant qu'il semble s'y produire un changement de sujets. Le sujet du premier *faisoit* est *Morchofles li traïtres* tandis que le second *faisoit* a pour sujet « ce qui » ou « cela » sous-entendu (à moins que nous ne lisions cette phrase *et faisoit faire molt grant beubant*).

2.4.7. Tous ces adverbes-conjonctions peuvent être considérés comme des variantes syntaxiques de la conjonction de coordination. On peut donc conclure, en termes très généraux, que le pronom c.-s. est, en principe, omis dans la proposition principale coordonnée[8]. Cependant, nous nous rendons très bien compte de la difficulté de faire une division nette entre les propositions coordonnées et les propositions subordonnées, à cause de la complexité de la signification des adverbes-conjonctions *si, et, ains* et *ne*. Or dans les propositions subordonnées, du moins dans celles qui commencent par la conjonction *que*, le pronom c.-s. est, en général, présent : *si sali avant et dist*

[8]Brita Lewinsky, dans son excellente étude sur *L'ordre des mots dans « Bérinus »*, arrive aux mêmes conclusions au sujet de la présence ou de l'absence des pronoms-sujets dans les subordonnées. Pour illustrer notre point de vue, on peut citer les chiffres de p. 112 : le sujet est omis 1160 fois dans la principale et 63 fois dans la subordonnée. De même Torsten Franzén, dans son *Etude sur la syntaxe*, affirme (p. 25) : « Dans les principales, quand le sujet n'est pas un substantif, le type complément + verbe prédomine de beaucoup sur toute autre construction; par contre dans les subordonnées, la construction pronom sujet + verbe (+ complément) est en majorité. » Il fait cette observation à l'égard de toute la littérature en ancien français depuis l'*Alexis* jusqu'à *Aucassin et Nicolette*. Nous voyons donc que *RC* suit l'usage établi.

qu'il i enterroit LXXVI, 2; *si eurent tel peur qu'il n'oserent demorer en chel endroit* LXXVI, 23–24; *si le bouta on jus a tere, si que il fu tous esmiés* CIX, 25–26, etc. Ce n'est que très rarement que l'on trouve un exemple du contraire dans *RC*. Des phrases comme *je n'en ferai plus que fait en ai* LIX, 26–27 sont si peu fréquentes qu'il faut les considérer comme des exceptions.

2.4.8. Nous pouvons maintenant établir en quoi consiste la phrase typique de *RC*. Le plus souvent elle contient : *a*) une proposition principale où se trouve un sujet, généralement un nom[9]; *b*) une ou plusieurs propositions coordonnées introduites par *si, et, ne, ains* et généralement sans pronom c.-s.; *c*) une proposition subordonnée où se retrouve un pronom c.-s.

La fréquence de la construction *b*) résulte du caractère même du récit qui est la relation d'une série d'incidents présentés selon l'ordre chronologique. Le nombre des propositions principales indépendantes ou coordonnées est si grand que le lecteur peut en tirer l'impression que *RC* omet très souvent les pronoms c.-s. En fait ce n'est pas tout à fait vrai pour deux raisons : *a*) les propositions subordonnées où le verbe s'emploie avec le pronom c.-s. ne sont pas rares, *b*) les propositions principales contiennent des pronoms c.-s. quand elles commencent une phrase, quand elles introduisent un nouveau sujet et parfois même, à titre d'exception, quand elles ne font ni 'un ni l'autre.

2.4.9. En effet, l'emploi des pronoms personnels c.-s. crée parfois, du moins pour le lecteur d'aujourd'hui, des difficultés quant à la compréhension du texte. Ces difficultés proviennent de l'emploi des pronoms c.-s., surtout de *il* singulier et pluriel, la même où il faudrait employer le nom pour rester clair. Faral a très bien vu ces difficultés chez Villehardouin[10]. Examinons, par exemple, le passage suivant car, à notre avis, il illustre bien la différence entre les rôles du pronom c.-s. dans *RC* et dans le français moderne : *Il s'en alerent aprés a Pise et parlerent a chiax de Pise, et il leur repondirent qu'il n'aroient mie tant de vaissaus et qu'il ne porroient nient faire* VI, 12–15. Le lecteur moderne remplacerait au moins un des *il* par un nom (ou un autre pronom) afin d'éviter l'ambigüité, mais pour *RC* le deuxième *il* est « correct » et néces-

[9]Cependant le pronom impersonnel c.-s. est omis dans la préposition principale.
[10]Dans l'Appendice de *La Conquête* (II, p. 319), Faral dit : « Le pronom personnel *il* est souvent employé de façon très lâche, non sans risque d'équivoque : les personnes qu'il représente ne se laissent alors distinguer que par le sens général de la phrase. »

saire. Il signifie un changement de sujet. Si le deuxième *il* avait désigné la même personne que le premier, c'est-à-dire, « ceux qui allèrent à Pise », il aurait été omis comme il est omis devant le verbe *parlerent*. Donc, *il* signale un changement de sujet et par conséquent est accentué.

Nous pouvons voir que le pronom c.-s. dans *RC* n'est pas, comme en français moderne, un simple morphème de flexion verbale. Dans notre texte, la terminaison de la forme verbale constitue le morphème qui exprime le nombre et la personne[11]. Le rôle du pronom c.-s. y semble donc assez nettement défini. Dans les propositions où prédomine la coordination, le pronom c.-s. peut être comparé à son ancêtre latin : il n'est employé que lorsqu'il s'agit de mettre en relief et d'accentuer le nombre et le genre du sujet. Dans les propositions où la subordination est clairement exprimée, notamment par la conjonction *que*, le pronom c.-s. accompagne, à quelques exceptions près, le verbe. Le premier cas représente l'emploi libre du pronom c.-s. et le second — l'emploi déjà fixe[12].

3. Pronom personnel, c.-r.

3.1.   Comme il fallait s'y attendre après avoir constaté l'emploi systématique de la forme picarde en *le* de l'article défini, féminin, on trouve que le pronom personnel, féminin, atone, c.-r., est aussi *le*. Ainsi, par exemple : *si le prent* CI, 3 (*le = le chité*); *si le saluerent* LIII, 7 (*le = l'empeerris*); *si taut on a monseigneur Hainfroi se femme, si le donna on au marchis* XXXVIII, 4–6. Comme le constate G (p. 100), dans les documents picards, ce pronom ne se retrouve que très rarement sous sa forme francienne, *la*. Nous n'avons pas trouvé un seul cas de *la* dans *RC*.

3.2.   C'est pour les pronoms personnels toniques c.-r. à la première et à la deuxième personne du singulier de même que pour les pronoms réfléchis

[11]Le seul cas d'homophonie se trouve entre les formes de la première et de la deuxième personne du singulier qui sont souvent désignées par le morphème *-s*. Par un hasard heureux ce cas d'homophonie n'est pas du tout fâcheux, car la deuxième personne du singulier est extrêmement rare dans *RC*.

[12]Remarquons que *RC* semble suivre, à cet égard, une tradition littéraire déjà établie. R. Thurneysen, à l'occasion de son analyse de la prose d'*Aucassin et Nicolette* (« Zur Stellung des Verbums im Altfranzösischen », pp. 292 et 295) remarque que les pronoms c.-s. ne se retrouvent pas dans les propositions introduites par un pronom relatif ou une particule relative, ni dans les propositions introduites par une conjonction de coordination quand le sujet est le même que celui de la proposition principale.

toniques que le picard possède des formes particulières. Ce sont *mi, ti* et *si* (au lieu de *moi, toi* et *soi*). Ces formes régionales étaient si bien connues en dehors du domaine picard qu'on les trouve employées pour servir les besoins de la rime dans des textes qui ailleurs recourent normalement aux formes en *-oi* (voir *F*, p. 107). Inversement les formes en *-oi* ont pénétré le picard. G (p. 101) remarque que dans tous les textes picards qu'il a étudiés, il a trouvé *moi, toi, soi* à côté des formes dialectales. *RC* ne fait pas exception; *mi* semble être plus fréquent que *moi* après une préposition: *entre mi et me gent* xii, 25; *ne che n'est mie remés en mi* xiii, 3; *un mien frere mainsné de mi* lii, 46. Néanmoins c'est *moi* qui semble être préféré quand la forme tonique est employée au lieu de la forme atone devant un infinitif ou un participe. On croit reconnaître cette tendance dans le passage suivant : *Je prendrai quatre galies avec MI, si les ferai armer de le plus aidant gent que nous arons; si me meterai ains jour en mer, ausi com je m'en vausisse fuir. Et si tost comme li Sarrasin m'apercheveront si n'aront loisir d'aus armer, ains aront si grant haste de MOI ataindre et de MOI cachier qu'il ne s'armeront nient; ains destendront trestout aprés MI*, etc. xxxvi, 16–23. Mais il faut se garder de formuler « des lois » puisque *RC* ne présente que très peu d'exemples de pronoms personnels à la première et surtout à la deuxième personne du singulier. Ces pronoms sont surtout employés au pluriel, car le tutoiement est exceptionnel; les *haus hommes* de la chronique aiment employer le *pluralis maiestatis* et Robert parle de lui-même à la troisième personne du singulier ou à la première du pluriel.

3.3. Au contraire, les pronoms toniques à la troisième personne du singulier c.-r. figurent souvent dans *RC*, et, comme dans tous les documents médiévaux, il y existe une confusion entre les formes *li* et *lui*. Au masculin les tendances suivantes se dessinent :

a) *li* est normalement employé comme pronom c.-r. indirect, probablement atone : *li caucha on unes vermelles cauches* xcvi, 14–15. (Voir au même chapitre cette construction avec *li*, aux lignes 15, 16, 19, 26, 32, 34, 41, 43, 46, 47 et 52[13].)

b) *RC* préfère *lui* avec les prépositions : *s'agenoullierent li baron devant lui, et se li dirent* iv, 11–12; *et les trois fist aler avec lui* lix, 19. Mais occasionnellement *li* pénètre dans cette position : *avec li* xxi, 78; *entour li* lx, 9.

c) On s'attend à trouver la forme forte devant un infinitif introduit par

---

[13]*Le* dans *et puis se le revesti on le palle*, xcvi, 47 provient d'une faute du scribe et devrait être corrigé en *li*. (Cf. ligne 19 du même chapitre.)

une préposition : *pour lui prendre* XXII, 42; *pour lui coroner* LXV, 51, etc. Ici encore il y a des « exceptions » occasionnelles en *li* : *pour li warder* LIX, 19. (Dans le dernier exemple le pronom représente peut-être une forme tonique réduite à *li*.)

C'est l'emploi de *li* dans les catégories *b)* et *c)* qui porte à confusion. Remarquons, néanmoins, la prépondérance de *lui* dans ces deux cas.

3.4. Au féminin, il est plus difficile de distinguer la distribution des fonctions entre les formes *lui* et *li* à cause du petit nombre de ces formes dans *RC*. Il est, néanmoins, vrai que *lui* semble être préféré après les prépositions : *jut a lui* XX, 16; *si s'acointa a lui* LIII, 14; *encontre lui* CXVIII, 2; *de lui* XX, 7 et CXVIII, 3.

Cet emploi de *lui* pour les deux genres entraîne parfois des difficultés quant à la compréhension du texte (du moins pour le lecteur moderne) : *Quant li empereres seut que le demisele venoit, si ala encontre lui, et li baron avec lui, et si en fist molt grant feste de lui et de se gent...* CXVIII, 1–3.

Pour le c.-r. indirect du féminin on trouve dans *RC* une phrase dans laquelle *li* semble équivaloir à *lui* : *molt li pramissent a faire lui servige* LIII, 8. *Li* représente la forme féminine atone [ILLĪ] tandis que *lui* est la forme tonique normale lorsque le pronom est placé après le verbe. Ce qui est exceptionnel, c'est son emploi au féminin. Nyrop[14] considère le remplacement de *li* par *lui* comme normal au 14ᵉ siècle. La phrase citée ci-dessus serait donc un exemple assez en avance de cette tendance (à moins que *lui* ne soit dû au scribe).

4. Possessifs

RC se sert presque exclusivement de la forme picarde des adjectifs et des pronoms possessifs. Nous soulignons ce fait car la plupart des textes picards reflètent une grande influence francienne à cet égard (voir G, p. 102). C'est cette persistance des formes dialectales dans les mots auxiliaires qui, à notre avis, donne un caractère populaire au texte.

4.1. Première, deuxième et troisième personnes du singulier

Les formes picardes atones c.-r. des adjectifs possessifs masculins sont *men*, *ten*, *sen*. On les retrouve dans *RC* : *men avoir* LII, 51 et *passim*; *ten seigneur* XXV, 43–44 et *passim*; *sen hyretage* XXX, 19 et *passim*. Les variantes franciennes

[14]*Grammaire historique de la langue française*, II, pp. 374–375.

sont exceptionnelles : *son païs* II, 8; *son païs* VI, 5; *son oirre* LXVI, 10. *Mon* se trouve régulièrement dans le titre féodal *monseigneur* : *monseigneur saint Jehan* LXXXII, 33; *mon seigneur l'empereour* XVII, 10; *monseigneur Henri* CXIV, 16 et *passim*.

Les formes picardes atones (c.-s. et c.-r.) des adjectifs possessifs féminins sont *me, te, se*. Ce sont les seules employées dans notre texte : *me gent* XII, 25; *se nef a lui et a se gent... mener* XIII, 19–20[15].

La série *me, te, se* était considérée comme moins vulgaire que les formes *men, ten, sen* (voir G, p. 103) et par conséquent la formule *medame Sainte Marie* XCII, 45 au lieu de *madame* n'est pas surprenante.

L'adjectif possessif féminin (de même que l'article féminin c.r., atone, *le*) s'élide devant les mots commençant par une voyelle : *s'aiwe* LXV, 9; *s'espee* XCVI, 34 et *passim*.

4.2.   Première et deuxième personnes du pluriel

Un autre trait typiquement picard est l'emploi de la forme dite « faible » des possessifs de la première et de la deuxième personne du pluriel. Le picard a refait toute sa déclinaison d'après la forme c.-r. du pluriel : NOSTRŌS > *nostrs* > *nosts* > *noz*. *Noz* est devenu normalement *nos*. Le picard possède ainsi les formes *nos, no, vos, vo* au singulier et au pluriel c.-s. *RC* suit fidèlement l'usage dialectal, s'éloignant ainsi de l'usage commun de la *scripta* picarde. « Bien qu'il soit hors de doute que ces formes [c'est-à-dire, les formes faibles] étaient courantes au moyen âge, elles sont relativement rares dans la *scripta* », constate G (p. 103). Elles ne le sont pas du tout dans *RC*. Notre texte présente toujours *no, vo*, devant une consonne : *no coust* VI, 31; *vo tere* LVIII, 16 et *passim*; *nos maistres* IV, 5 et *passim*. Mais devant une voyelle *RC* emploie les formes fortes *nostre, vostre* : *nostre avoir* CV, 12 et *passim*; *no navie et nostre estore* XXXIII, 19. Dans *nostre arbalestier* (c.-s. du pluriel) XLVIII, 16, la forme *nostre* de l'adjectif est identique à celle du c.-s. pluriel en francien. Pour ce dernier cas *RC* emploie la forme *nos* : *Nos Franchois* LXVI, 67 et *passim*. Il est surprenant que ni G ni Pope[16] ne distinguent l'emploi préconsonantique des formes faibles et l'emploi prévocalique des formes fortes lorsqu'ils parlent du doublet *no / nostre*.

---

[15]La forme *sa fille* trouvée dans *RC* (CXVI, 30) provient d'une faute de transcription ou d'une erreur typographique. Le *msRC* montre clairement *se*.

[16]*From Latin to Modern French.*

Parallèlement à l'emploi de *mon* dans les titres féodaux, les titres religieux présentent la forme francienne des adjectifs possessifs : *Nostre Dame* XCII, 57–58 et *passim*; *Nostre Seigneur* XCII, 48 et *passim*; *Nostre Sires* (c.-s.) XCII, 56 et *passim*. *Nostre* est écrit une fois avec un -*s* analogique : *Nostres sires* XCII, 46. Remarquons que *Nostre Sire* ne désigne que Dieu. Pour le seigneur féodal on préfère la forme *nos* : *li cuens de Champaingne, nos sires*[17], *qui estoit nos maistres, est mors* IV, 4–5. Nous avons aussi trouvé *vostre* dans la formule de politesse : *Se vostre volentés i fust* LII, 28–29. L'emploi de *vostre* ici peut être attribué à l'influence du latin.

4.3. Les formes toniques

En picard comme dans tous les dialectes français du moyen âge, les adjectifs possessifs toniques pouvaient aussi servir de pronoms possessifs. Dans *RC* les possessifs toniques masculins aux première, deuxième et troisième personnes du singulier ne présentent rien d'extraordinaire du point de vue de leur forme. Ce sont *mien, tien, sien*. Ces formes sont assez rares dans notre texte. Comme adjectifs, elles s'emploient souvent accompagnées de l'article indéfini, tandis qu'en fonction pronominale elles s'emploient avec l'article défini, excepté après *maugré* : *un mien frere* LII, 46; *un sien frere* LXXVI, 3; *a un sien maistre balliu* XXI, 31; *de chu sien anemi* XXXIII, 81; *ne li demanda du sien* XVIII, 7–8; *maugré sien* XXI, 88. Ce sont les formes féminines de ces adjectifs ou de ces pronoms qui sont intéressantes en picard. Elles proviennent de constructions analogiques formées sur MEUS > **mieus*, lequel a produit une forme féminine *mieue* ou *miue*. (Pour ce dernier changement, voir notre discussion de *lieu, liu*, chap. I, 2.4.1.) *Tieue (tiue), sieue (siue)* ont suivi le modèle de *mieue (miue)*. (Voir G, p. 104.) *RC* contient deux exemples toniques : *car le tere n'estoit mie siwe* C, 6; *ele n'estoit mie siwe a donner* XCIX, 16. La graphie *w* équivaut à *u* dans une diphtongue. (Voir ci-dessus, chap. I, 1.3.1.)

Un autre trait typique au dialecte de notre texte est la création de formes analogiques aux formes faibles des pronoms possessifs féminins de la première et de la deuxième personnes du pluriel, *les noes*. Cette forme est assez rare dans *RC* : *che sanloit des noes que che fussent angle* XLVII, 75–76; *et montoient les batalles l'empereur d'une part et les noes d'autre* XLVIII, 18–19. Dans le même chapitre, *les noes* est employé comme adjectif possessif tonique : *les noes*

---

[17]G (p. 104) note les formules *nosire* et *nosseigneur*, mais il ne place pas leur apparition avant la quatrième décade du 14ᵉ siècle.

batailles XLVIII, 13–14. Les autres cas de possessifs correspondent dans *RC* à l'usage du francien[18].

5.   Substantifs

5.1.   Dans *RC* l'opposition c.-s. / c.-r. semble être très fortement sentie. Nous avons trouvé très peu d'exemples du contraire : *estoient pieur que Juis* LXXIII, 10 (c.-s. du pluriel aurait dû être *Juif*); *Il ne sont que deus hommes* XVIII, 15–16; *chou que MESTIER li fu* CII, 7–8. Du point de vue étymologique cette dernière forme est correcte, mais, comme nous allons le voir ci-dessous (5.3), *RC* a étendu de façon très régulière les formes avec le -*s* non étymologique qui indique c.-s. Ainsi, nous trouvons *se MESTIERS en estoit* XLVIII, 38. Dans le mot provenant de DOMINUS DEUS, la première partie n'étant plus sentie comme mot indépendant, c.-s., on a donc *Damediex* XVIII, 16 et *passim* (cf. *Damnesdeus, Roland*, v. 1898). La confusion *bras / brach* (tous les deux c.-r. du singulier) semble purement orthographique : *du bras* XL, 7 et *outre le bras* CXIII, 7 mais *outre le brach* XL, 23 et CXI, 3.

Ailleurs dans *RC* il y a deux cas de confusion c.-s. / c.-r. qui peuvent facilement être attribués à des fautes du scribe. Les voici : *a chest CONSAUS s'acordent tot li baron* V, 13–14 (cf. *A chest consel...* XXXVI, 31) et *Quant Salehadins eut le vile en se main, si laissa le ROIS aler* XXXIV, 13–14. Remarquons que la première phrase commence par *consaus* c.-s. (V, 10), ce qui a probablement donné lieu à la confusion, et que, dans le cas de la deuxième phrase (à en juger par *msRC*), le scribe a d'abord écrit *li rois*, pensant, sans doute, que ce mot était le sujet du verbe *laissa*, et qu'ensuite, se rendant compte de son erreur, il a corrigé *li* en *le* (*le* est surscrit au-dessus de *li*), mais a oublié d'exponctuer le -*s* de *rois*[19].

---

[18]A noter un seul cas de -*s* analogique dans le possessif *leur* : *et moustroient leur leurs cus* LXXI, 21–22. Serait-ce pour distinguer le possessif du pronom personnel c.-r. indirect *leur* que le -*s* a été ajouté ? L'apparition de -*s* dans le possessif *leur* ne commence que vers la fin du 13e siècle. Voir Pope, *From Latin to Modern French*, p. 330. Voir aussi Brunot et Bruneau, *Précis*, p. 238. Cette -*s* dans *leurs* devrait-elle être attribuée au scribe ?

[19]La confusion du c.-s. / c.-r. dans le nom propre *Henri* (*Henri* LXVI, 10 et CXV, 1, au lieu de *Henris*, c.-s.) est le résultat d'une mauvaise transcription du ms. Le *msRC* se sert de l'abréviation *.H.* aux deux endroits. (En plus, on découvre la même abréviation correctement transcrite en *Henris* à LXVI, 5 et CXIV, 14.)

5.1.1. La confusion entre le c.-s. et le c.-r. dans l'adjectif *grant* est, sans aucun doute, causée par l'intrusion d'une forme analogique dans un adjectif essentiellement épicène.[20] Cet adjectif ne possède donc, en principe, que deux formes : *grans* (c.-s. du singulier et c.-r. du pluriel pour le masculin et le féminin) et *grant* (c.-r. du singulier et c.-s. du pluriel pour le masculin et le féminin). Parfois nous trouvons au féminin[21] c.-s. les formes en -*t* qui sont analogiques aux autres adjectifs féminins dans lesquels l'opposition c.-s. / c.-r. n'existe pas : *Le nuit meesme... leva... une si GRANT tempeste...* XXV, 1–3 (cf. *Aprés si avint que une GRANS meslee leva entre les Veniciens et le menue gent* XV, 1–2). En plus, on peut trouver la forme analogique en -*e* : *que le kiertés fu de rekief ausi GRANDE* XXXV, 4 (cf. *le kiertés fu si GRANS* XXXVI, 1–2 et *passim*); *en le chité qui molt estoit GRANDE* LXXVIII, 18–19 (cf. *car le chités estoit molt GRANS et molt pueplee* LXXX, 25 et *passim*). La forme *grande* apparaît occasionnellement dans des ouvrages bien antérieurs à notre chronique (voir *Légende de St. Alexis*, v. 610, *Roland*, v. 3656), mais elle n'était pas très répandue avant le 14e siècle[22].

5.2. La rareté de la confusion entre c.-s. et c.-r. prouve que notre texte distingue entre c.-s. et c.-r. et que le -*s* final y est très stable. A part les exemples cités ci-dessus, il ne montre aucun autre signe que le -*s* ait été en train de disparaître. Le morphème -*s* est le moyen le plus important de marquer l'opposition c.-s. / c.-r. Cette opposition est encore plus accentuée par la présence des noms imparisyllabiques qui, quoique peu nombreux, sont très fréquemment employés. Ce sont surtout des noms propres et des titres :

[20]Remarquons la forme de l'adverbe construite sur cet adjectif : *graument* (employé seulement dans le cliché *ne demora mie graument* XCIX, 1 et *passim*). La présence de la forme *gramment* II, 9, nous laisse croire que *u* peut représenter une confusion graphique avec *n* de la part de l'éditeur (voir *RC*, p. xii). En tout cas l'adverbe a été formé sur la forme épicène de *grant*, donc *gran*[*t*]*ment*. Voir Brunot et Bruneau, *Précis*, p. 202.

[21]La confusion, au masculin, entre *grans* / *grant* dans *l'empereur avoit uns GRAND caneus* XLVIII, 39; *Che fu molt GRAND deus et molt GRANS damages* LXV, 48–49; *si avint molt GRANT damaches et molt GRANS deus* CIII, 1–2 provient, ou bien d'une mauvaise transcription du ms., ou bien de fautes typographiques, car *msRC* montre très clairement la forme *grans* dans tous ces cas.

[22]Brunot et Bruneau, *Précis*, p. 203, considèrent que ce n'est qu'à partir du 14e siècle qu'apparaît régulièrement la forme analogique *grande*. Pope, *From Latin to Modern French*, p. 306, déclare que les formes analogiques féminines des adjectifs épicènes ne se sont généralisées qu'à partir du « Late Middle French » .

Pierres (c.-s.) LXXV, 7 et *passim*; *Pierron* (c.-r.) LXXV, 20 et *passim*[23]; *Phelippes* (c.-s.) I, 5 et *passim*; *Phelippom* (c.-r.) XIX, 5 et *passim*; *sires* (c.-s.) XCII, 56 et *passim*; *segneur* (c.-r.) II, 7 et *passim*; *empereres* (c.-s.) XXXIII, 85 et *passim*; *empereur* (c.-r.) XXXIII, 26 et *passim*; *traïtres* (c.-s.) LXIV, 2 et *passim*; *traïteur* (c.-r.) CIX, 27 et *passim*; *suers* (c.-s.) XX, 11 et *passim*; *sereur* (c.-r.) XX, 2 et *passim*.

5.3.   Comme résultat de la distinction nette entre le c.-s. et le c.-r., il y a une généralisation du *-s* comme morphème du c.-s. singulier dans les mots où cette *-s* n'est pas étymologique : *hons* LXXXV, 49 et *passim* (mais le pronom c.-s. est toujours *on* V, 11 et *passim*); *maistres* LXXXV, 15–16 et *passim*; *empereres* XVIII, 5 et *passim*; *sires* XCII, 56 et *passim*. Ce dernier mot est très intéressant par rapport à la présence ou à l'absence de *-s*. Employé comme vocatif, le c.-s. ne possède pas de *-s*. Ainsi, nous trouvons *sire* IV, 3 et *passim* (il en est de même quand le mot suivant est un vocatif en *-s* : *Sire Diex* XLVII, 66 et *passim*).

La tendance à marquer le c.-s. par le morphème *-s* est si forte qu'elle se manifeste parfois même dans les noms féminins, surtout ceux d'apparence masculine, c'est-à-dire, ceux qui sont terminés par une consonne : *le mers*[24] LXXIV, 67 (c.-s. singulier) et *passim*; *le suers* XX, 11 (c.-s. singulier) et *passim*; *le incarnations* I, 7 (c.-s. singulier), etc.

5.4.   Les adjectifs, soit en apposition directe avec les noms, soit en combinaison avec le verbe *être*, s'accordent régulièrement avec les mots qu'ils accompagnent : *si grans avoirs, ne si nobles, ne si rikes, ne fu veus, ne conquis* LXXXI, 11–12; *le menue gent* LXXX, 13; *le char noire* LIV, 4; *le sainte tere* I, 15; *le plus orde beste et le plus foireuse* XXV, 67–68; *Ichele tours estoit molt fors et molt bien desfensavle et molt bien warnie* XLIII, 37–38, etc. Ce n'est que très rarement qu'on trouve une faute d'accord dans *RC* : *si i croit TOUTE jour* LXV, 37. Les adjectifs issus des participes passés en *-ié* font exception à la règle de l'opposition masculin / féminin : ils ne possèdent généralement pas de formes en *-iée* : *molt estoit corchie* [*l'empeerris*] LIII, 9; *l'ansconne, qui toute estoit d'or et toute carkie* LXVI, 56–57; *chele posterne fu perchie* LXXV, 38. Mais

[23]L'éditeur a transcrit *mon seigneur .P.* du *msRC* comme *monseigneur Pierre* (XLVIII, 10). *Pierre* ne se retrouve pas dans *msRC* tandis que *Pierron* (*Pierrom*) est écrit en toutes lettres : LXXV, 20; LXXVII, 1; CVI, 2, 7, 9.

[24]Quant aux formes *ichele tours* XLIII, 37 et *passim* et *le chités fust prise* LXXIV, 56 et *passim*, on peut, si l'on veut, considérer que le *-s* est étymologique [TURRIS, CĪVITAS].

cette terminaison -ie (au lieu de -iee) est expliquée par l'accentuation sur le premier élément du groupe (íe) qui cause la réduction de -iee à -ie. Nous avons dit « généralement », car nous trouvons -iee dans *ele estoit mariee* LIII, 4. La même hésitation existe pour l'accord de l'adjectif *mi*. Contrairement à l'usage du français moderne, il s'accorde avec le nom qui suit : *mie nuit* LXXIX, 1 et *passim*. Mais parfois, il reste invariable : *en mi voies* LXXVII, 4.

5.5. En raison de la tendance générale à maintenir une distinction nette entre les genres et les nombres des substantifs, il est tout naturel que notre texte fasse accorder, en général, les participes passés des temps composés. Suivant l'usage de l'ancien français (*F*, p. 102), *RC* les fait parfois accorder même si le participe précède l'objet direct : *li marchis eut faite toute se gent armer* XXXIII, 50; *li empereres et si traïteur ont pourpallee une grant traïson* XXXIII, 91–92 (mais : *Si avoient pourcachié unes lettres* XIV, 13–14).

5.5.1. Il y a très peu d'exemples où *RC* néglige l'accord. Remarquons tout de suite que dans deux cas il s'agit du participe passé de *faire* : *par les pons qu'il avoient fait* XLVI, 13; *chele cuelloite qu'il avoient fait* XII, 9, mais on peut aussi trouver : *et si i paroient encore les lermes que Nostre Dame avoit plouré deseure* XCII, 57–58[25]. Il existe aussi une confusion causée par l'hésitation dans le genre des participes passés qui s'accordent avec *navie*[26] : *rike navie que*

[25]Il y a aussi une confusion d'accord dans *et tout li estage des tours de fust qui erent faites seur les tours de pierre, dont il i avoit bien chinc ou sis ou set, et estoient toutes warnies de serjans* LXXIV, 29–31. Nous sommes d'accord avec Jeanroy qui insiste dans ses « Corrections », p. 393, que c'est à l'auteur qu'il faut attribuer cette faute. « La confusion entre *estages* (ou hourds de bois) et les *tours* qu'ils renforçaient ayant pu aisément se produire dans l'esprit de l'auteur lui-même. »

[26]L'hésitation du genre de *navie* est évidente dans *RC* : à part les exemples cités dans notre texte, on trouve *cheste navie* XI, 41, mais *au navie* XVI, 8–9, et *du navie* XI, 18. Cette hésitation gagne en importance si l'on consulte *FEW*, VII, pp. 65–66, où M. von Wartburg enregistre comme étymologie de ce mot : NĀVIGIUM, donc masculin, mais lui attribue en même temps le genre féminin. *Gdf*, V, p. 478, considère *navie* comme exclusivement féminin. Cette hésitation est-elle causée par la même raison que dans le synonyme de *navie*, à savoir, *estoire* (*estore*). Voici d'autres oscillations de genre dans *RC* : *un tavle* LXXXIII, 30 qui est une faute de l'éditeur — le *msRC* donne *une* en toutes lettres; *un ymage... painte* CXIV, 4–5 qui résulte d'une mauvaise transcription de *.i.* et devrait être corrigé en *une*, même si dans le reste du chapitre *ymage* est évidemment masculin (*en chel ymage* 9, *chis images* 5, *chel ymage* 15). La confusion réelle du genre de ce mot, évidente partout dans *RC*, provient sans doute de l'influence du suffixe -*age* [ĀTICU].

onques fust veue VII, 5; *navie qui faite estoit* X, 2; *il eut si sen navie perdu*
XXXVII, 22.

5.6.   A cause du petit nombre d'exceptions, on serait tout à fait justifié de
croire que *RC* observe de façon systématique la déclinaison du substantif.
Or L. Foulet (*F*, p. 350 ff.) déclare : « La déclinaison est donc, selon toute
probabilité, dès le 12ᵉᵐᵉ siècle un fait *purement littéraire* » (souligné par
nous-même). Le lecteur de notre chronique est confronté par le problème
suivant : *RC* présente une phonétique et une morphologie dans lesquelles
règnent les éléments dialectaux de la Picardie. En même temps, la syntaxe
possède maints traits qui doivent être classifiés comme « purement littéraires » . Y a-t-il une contradiction entre les faits ? Continuons notre
analyse en gardant présente à l'esprit cette « dualité » du texte.

6.   Temps

6.1.   Avant de contraster la langue populaire et la langue littéraire à la
lumière de l'emploi des temps, tâchons de serrer la définition du terme
« langue populaire » . De même que dans la discussion du dialecte picard,
nous avons insisté sur le fait qu'on ne peut s'attendre à trouver une œuvre
qui soit un exemple de dialecte pur, de même, on ne peut exiger une représentation exacte de la langue parlée dans un document médiéval et ceci à
cause de sa nature même. Nous sommes tout à fait d'accord avec L. Foulet
quand il déclare : « La langue très familière ne pénètre que par exception
dans les livres de l'époque[27]. » *RC* est un document sérieux et il n'y a aucune
raison de croire qu'il fasse exception à cette règle. On pourrait s'attendre à
trouver cette influence de la langue populaire dans une œuvre dramatique
et surtout comique comme le *Jeu de la feuillée* ou le *Garçon et l'aveugle*, mais
non pas dans une chronique qui décrit des faits historiques de très grande
importance. Néanmoins il est tout à fait raisonnable de croire que la langue
médiévale écrite (comme d'ailleurs toute forme littéraire) a été contaminée
à des degrés plus ou moins variés par la langue familière car la distinction
entre la langue littéraire et la langue populaire n'a au fond rien d'absolu.
Bien plus, il nous semble que dans une même œuvre, différentes parties
peuvent attester à des degrés variés l'influence de la langue familière. C'est

---

[27] « La Disparition du prétérit », p. 283.

pourquoi nous ne pouvons pas nous tromper en supposant que la langue du discours direct, c'est-à-dire, celle qui prétend reproduire la conversation réelle ou imaginée, est plus proche de la véritable langue parlée de l'époque que la langue employée dans la narration simple. Cela ne veut pas dire que nous considérions chacune des quatre-vingt-quinze citations de *RC* comme autant de reproductions fidèles de discours réellement entendus. N'exagérons pas : plusieurs des discours directs cités par *RC* sont censés avoir eu lieu une vingtaine d'années avant le commencement même de la croisade (p. ex. XXXIII, 83, 84, 89–94), et la plupart d'entre eux sont censés reproduire des conversations entre les chefs de l'armée, *les rikes hommes*, conversations auxquelles notre *povre chevalier*, Robert, n'a certainement pas dû prendre part. C'est probablement par modestie qu'il ne cite pas les paroles qu'il a échangées avec son frère Aleaume de Clari au cours de cette célèbre scène avant la deuxième attaque contre la cité de Constantinople. Cette scène, digne d'un Joinville, (LXXVI, 1–9) est décrite en discours indirect. En dépit du caractère peu authentique (historiquement parlant) des citations de *RC*, nous croyons que si l'on cherche l'emploi familier de la langue, on peut le trouver plus facilement dans les dialogues rapportés en discours direct que dans la narration pure[28].

6.2. Ce qui importe vraiment, ce n'est pas de trouver des échantillons incontestablement authentiques de la langue familière de la Picardie du 13e siècle (personne ne saurait le faire avec certitude), mais de découvrir certaines traces de contrastes entre la syntaxe verbale du discours direct et celle du discours indirect. Ces contrastes semblent être le reflet d'une différence entre la langue parlée et la langue écrite. Impossible d'aspirer à la perfection; impossible d'être sûr que ces exemples justifient la généralisation. Mais une théorie, valable jusqu'à un certain point, peut être construite sur une telle comparaison, et sous toutes réserves, nous nous permettons de la dresser et de la formuler ci-après.

Cette opposition n'est pas un fait exclusivement propre à notre texte. M. M. Sandmann[29] a réussi à prouver que les vieilles épopées espagnoles et françaises possèdent deux syntaxes verbales : une pour la narration et l'autre

[28]*Ibid.* « C'est dans les dialogues rapportés sous leur forme originale, réelle ou supposée, qu'on a le plus de chance de rencontrer l'emploi familier. »

[29] « Narrative Tenses of the Past », et plus récemment « Syntaxe verbale et style épique » .

pour le discours direct. On est surpris de voir qu'en dépit de toute la différence entre notre chronique et, disons, la *Chanson de Roland*, les deux
œuvres sont très semblables à l'égard de la syntaxe verbale.

6.2.1.   La majeure partie du texte est sous forme de narration, alors que le
discours direct, nous le répétons, est employé dans quatre-vingt-quinze
passages, dont la longueur varie d'une à douze lignes, la moyenne étant de
deux lignes. Les passages en discours direct se trouvent surtout concentrés dans
les soixante premiers chapitres (il n'y a que vingt-cinq citations du chapitre
LX au chapitre CXX). Le temps le plus souvent employé pour la narration
dans *RC* est le passé défini. Ceci est tout à fait naturel, car l'auteur raconte
une série de faits tous accomplis au passé. On pourrait citer d'innombrables
exemples de ce passé. Soyons satisfait d'un seul : *Quant li croisié seurent que
li cuens de Champaingne, leur sires, fu mors, et maistres Foukes ausi, si en furent
molt dolent et molt corchié et molt esmari; et s'asanlerent a un jour tout a Sessons,
et prisent consel entr'aus...* III, 1–5.

6.2.2.   Ce passé défini est très souvent remplacé par le présent. L'alternance,
donc l'équivalence de ces deux temps constitue le trait le plus caractéristique
du récit, et c'est précisement par ce trait que notre texte est en accord avec
la langue de l'épopée discutée par M. Sandmann. Examinons de plus près
cette équivalence. Une phrase narrative commence le plus souvent par un
ou plusieurs verbes au passé défini : *Si s'acorderent tout a chou que chis eut dit;
si prenent il Androme, si le loient...* XXV, 73–74; *Si comme li marchis fu hors des
portes a toute se bataille, et li empereres va, se li fait il fremer le porte aprés* XXXIII,
55–57; *si s'en vint a une chité ou li empereres avoit mis de ses gens pour le chité
warder; si le prent il par traïson* CI, 2. Nous avons trouvé très peu de cas où
l'auteur, ayant commencé par le présent, passe ensuite au passé défini; en
voici un exemple : *Si vient il le nuit meesme, si fait il atorner ses galies, si se met
il en mer, anchois qu'il fust jours, si s'en va il; ainc ne cessa, si vint a Sur.* XXXIII,
94–97. Généralement, la phrase commence par le passé défini pour finir au
présent. Ceci est particulièrement vrai si la proposition contenant le passé
défini commence par *quand* ou son équivalent : *Quant li Griu virent que li
Franchois les assaloient si, si destendent a geter grandesme quarriaus seur ches
engiens as Franchois si grans que trop; si commenchent...* LXXI, 8–11; *Quant li
Griu virent chou, si vienent a Morchofle, si l'acueillent mout a hounir et a blasmer...*
LXVII, 1–3; *Entre ches entrefaites que chele tours fu par tele miracle prise, si se*

rahurte le nes seigneur Pierrum de Braichoel a une autre tor; et quand ele s'i fu rahurtee, si commenchent... LXXIV, 76–80; *Ne demora waires aprés, si vient Salehadins, si assiet...* XXXV, 1–2. Cette habitude qu'a l'auteur de commencer une phrase par une proposition subordonnée de temps au passé défini et d'employer ensuite le présent dans la proposition principale est si régulière qu'on est tenté d'appeler ce processus une sorte de *consecutio temporum*. Ce terme serait, néanmoins, tout à fait faux, car on ne peut discerner aucune différence de signification temporelle entre le passé défini et le présent ainsi employés. Ils servent tous les deux à décrire une action complétée au passé sans aucun rapport avec le présent.

Ne constituant aucune opposition à valeur temporelle, ce mouvement du passé défini au présent possède certainement une valeur stylistique. C'est dans la description de la première bataille de sa chronique (XVII, 65) que RC l'emploie pour la première fois. Dans la description des faits « non-épiques » — les préparatifs de la croisade, et les négociations avec les Vénitiens — ce « saut » n'a pas lieu. Il représente, peut-être, une sorte d'accélération dans l'allure. L'auteur, ayant situé dans le passé les faits exposés, passe brusquement au présent pour nous rendre ces faits plus vivants. Soulignons ce « peut-être » car nous entrons ici dans la zone de l'impressionisme.

6.2.2.1. Ce changement de temps, ce « saut » narratif du passé défini au présent est très souvent exécuté dans des phrases qui commencent par une proposition subordonnée de temps ou par une des expressions favorites de notre auteur : *si ne fait mais el*. Après ce procédé stylistique, qui doit sans doute servir à aiguiser notre intérêt en suspendant momentanément la narration, nous retrouvons presque toujours le présent : *Quant che vint l'endemain par matin et que chil de le vile seurent que li empereres se estoit fuis, si ne font il mais el, si vienent...* LII, 1–3. Encore une fois, l'identité complète de signification entre le passé défini et le présent saute aux yeux : la phrase que nous venons de citer continue au passé défini : *si les ouvrirent et si issirent hors et si vinrent a l'ost des Franchois, et demanderent et enquisent Alexe, le fil Kyrsaac* LII, 3–6. Il est très rare qu'après une proposition subordonnée de temps au passé ou après la formule *si ne fait mais el*, au présent, notre texte ne continue la proposition principale au passé défini. Néanmoins nous avons pu trouver un exemple où ce changement de temps n'a pas lieu : *Entrementiers qu'il estoient illueques si esmari, si ne fait mais el li empereres et si traïteur qui entour li estoient, si se pourpenserent d'une grant traïson...* LX, 7–10.

6.2.2.2. Il y a un autre procédé du même genre, très en faveur chez notre auteur; c'est *este me vous que*. Il semble être tiré de la langue parlée à cause de son *este* déictique et de son *me* datif éthique. Son rôle est analogue à *si ne fait*, mais il ne cause pas nécessairement le « saut » au présent, si fréquent après ce dernier : *Entrementiers que li Franchois parloient ensi ensanle, este me vous que li empereres se mist arriere en Constantinoble* XLVIII, 43–45; *et ensement li pelerin d'autre part avoient ordenees leur gens, este me vous que li empereres de Constantinoble, Alexes, issi hors de la chité par une porte que on apele le Porte Roumaine a tote se gent tote armee, et ordena illueques se gent et fist...* XLIV, 53–58[30].

6.2.3. Le verbe « être » fait exception et ne se conforme pas à l'équivalence passé défini / présent. Dans les passages où a lieu le changement du passé défini en présent, il reste constamment au passé défini : *Quant il fu sires d'aus, si traist il as Commains, si fait il tant, que par un que par el, qu'il fu leur amis et que il furent tot en s'aiwe et que il fu ansi comme tous sires d'aus* LXV, 6–10. Cette « constance » de *fu* pourrait être expliquée par une différence d'aspect entre ce verbe et les autres. Tandis que *trai, fait* portent la narration en avant, le verbe *fu* exprime la situation permanente au passé.

6.2.4. L'équivalence passé défini / présent est un fait bien connu. L. Foulet[31] dit à cet égard : « Le présent au sens d'un passé se retrouve dans tous les styles et tous les genres du moyen âge. Villehardouin, Joinville, Froissart le connaissent, il abonde en *Roland* et dans la littérature épique; l'auteur d'*Aucassin et Nicolette* s'en sert en prose comme en vers. » Nous sommes d'accord avec l'illustre philologue. Néanmoins, il faut examiner ce problème en mettant en relief la différence syntaxique entre la narration et le discours direct.

6.3. Dans le discours direct, le temps normal pour exprimer le fait accompli au passé est le passé défini : *« Ba ! » fist mesires Pierres, « Troies fu a nos anchiseurs, et chil qui en escaperent si s'en vinrent manoir la... »* CVI, 33–35;

---

[30]Le présent *apele* ne contredit pas l'observation que *este me vous que* est suivi d'un passé défini. *Apele* exprime le vrai présent. *Le Porte Roumaine* s'appelait toujours ainsi au moment où la chronique a été composée. Pour l'emploi du présent qui exprimait l'état des choses non seulement au moment de la composition de la chronique mais leur état « perpétuel », voir la description des mœurs des Commains, LXV, 10–38, où tous les verbes sont au présent.

[31]« La Disparition du prétérit », p. 282.

Seigneur, je fui antan au Noel en Alemaingne, a le court mon seigneur l'empereour. Illueques si vi un vaslet... » XVII, 9–11, etc.

6.3.1. Or, le lecteur, même le plus inattentif, remarquerait sans doute l'abondance des formes au passé indéfini dans le discours direct. En effet, dans la majorité des cas, les verbes du discours direct au passé seront au passé indéfini : « *Seignor, pour Dieu merchi, ne me tués mie, car je ai ochis le diable et le mordrisseeur qui toutes les hontes a faites...* » XXII, 10–13; « *nostre avoir avés vous parti, dont nous avons souffert les grans paines et les grans travaus, les fains et les sois et les frois et les caus, si l'avés parti sans nous ?* » CV, 12–15; « *Par foi !* » *fist li empereres,* « *ch'est li rois de Nubie, qui est venus en pelerinage...* » LIV, 14–15, etc. Mais chaque fois que le passé indéfini est employé il exprime un fait qui a eu lieu au passé et dont les résultats durent toujours. C'est donc un *praesens perfectum*. Impossible de trouver un seul exemple dans lequel le passé indéfini soit employé au sens du passé défini, c'est-à-dire, sans aucune attache à la réalité actuelle du discours. Parfois, il est vrai, la distinction entre le passé défini et le passé indéfini est assez subtile : « *Par foi !* » *fisent il,* « *nous avons durement asali, et entrames en le cité par deseur les murs, et meismes le fu en le chité...* » XLIX, 13–15. Malgré la proximité apparente de la signification temporelle des verbes a) *entrames, meismes* et b) *avons asali,* un examen plus attentif de ce passage donne lieu à l'interprétation suivante : *entrames* et *meismes* expriment deux actions simples accomplies au passé; par contre *avons asali* décrit une action dont l'effet est toujours senti. La phrase peut donc être lue « ayant assailli, nous entrâmes et mîmes » . La même distinction doit être faite entre les deux temps dans le passage suivant : « *Andromes, pour coi as tu si faitement traÿ ten seigneur l'empereeur Manuel, et pour coi mordrisis tu se femme et sen fil, et pour coi as tu si volentiers fait mal...* » XXV, 43–46. *As traÿ, as fait mal* sont des *perfecta*, dont l'effet est toujours senti. (Andromic *est* à jamais un traître et un malfaiteur à cause de ses actions passées.) *Mordrisis* est un acte accompli au passé. On peut donc lire cette phrase de la façon suivante : « ayant trahi, tu assassinas » .

6.3.2. Le même emploi du passé indéfini existe dans la partie narrative de *RC*. Mais, à cause du caractère même de la narration qui est une chaîne de faits accomplis dans le passé, ce passé n'a que très peu d'attaches avec le présent et par conséquent est très rarement exprimé par le passé indéfini. Voici quelques exemples parmi ceux qui montrent le plus clairement le caractère du *praesens perfectum* de ce temps : *si com je vous ai dit* CIX, 20 et *passim*; *Ore avés oï le verité, confaitement Coustantinoble fu conquise* CXX, 1–2; *Robers de Clari, li chevaliers, et a fait metre en escrit le verité... si en a il toutes eures le droite verité contee, et assés de verités en a teutes...* CXX, 5–11; *ensi l'avons oï tesmoignier* XVIII, 9–10, etc. Tous ces exemples montrent la valeur *actuelle* des faits exposés dans la chronique.

6.3.3.   Le passé indéfini est donc employé en narration et en discours direct sans aucune différence de signification temporelle. La fréquence de l'emploi de ce temps en discours direct viendra de la valeur qui lui est accordée, notamment celle d'évoquer le lien constant des faits racontés avec l'actualité. Cette attache s'exprime beaucoup plus souvent en discours direct qu'ailleurs. Prenons le passage suivant : *Et ne demora waires après que LI EMPERERES ET SI TRAITEUR POURPARLERENT UNE GRANT TRAISON, que il voloit faire le marchis destruire; tant que uns hons d'aage qui le seut, si en eut pitié du marchis, si vint avant au marchis tot belement, se li dist : « Sire, pour Dieu, alés vous ent de cheste vile, car se vous y demourés tier jour, LI EMPERERES ET SI TRAITEUR ONT POURPALLEE UNE GRANT TRAISON... »* XXXIII, 84–92. Nous y voyons deux phrases identiques qui décrivent des faits identiques. Il y a néanmoins une différence de temps dans les verbes employés. Le premier verbe au passé défini fait partie de la narration de l'auteur et l'acte qu'il raconte n'est aucunement rattaché au présent, mais le deuxième verbe, au passé indéfini, est mis dans la bouche d'un honnête « hom d'aage » qui s'intéresse surtout aux résultats de la conspiration, résultats présents au moment où il prononçait ces mots. La différence entre ces temps n'est donc pas une différence de « style », c'est-à-dire, une différence de niveaux littéraires dont la narration représenterait le « haut style » et le discours direct, le « style parlé ».

6.4.   La compréhension de ce problème est très importante si nous voulons nous rendre compte du caractère de la langue de notre chronique. Foulet a essayé d'attaquer les problèmes de la syntaxe verbale en introduisant l'opposition entre la langue littéraire et la langue parlée. Ainsi, il explique[32] l'équivalence passé défini / présent en disant qu'elle vient de la popularité de son usage dans la langue parlée. Il compare l'usage médiéval du présent / passé à certaines formules stéréotypées de l'anglais populaire de nos jours (« he says », « I says », etc.) Répétons le, si l'on a le droit de chercher des exemples

[32]*Ibid.*

de langue parlée dans un vieux texte, il serait prudent de les chercher dans les extraits du discours direct plutôt que dans la narration. Or le discours direct de *RC* n'offre aucun exemple du « mélange » passé défini / présent. Nous croyons, avec M. Sandmann, que les deux syntaxes verbales sont le résultat d'une convention littéraire et que toutes les deux sont parties intégrantes de la tradition littéraire la plus importante du moyen âge, à savoir, celle du style épique. La différence d'emploi des temps entre la narration et le discours direct repose sur le fait que la narration se déroule dans le passé absolu (l'introduction des verbes au présent ne nuit en rien à la compréhension), tandis que le discours direct, par ses attaches au présent, c'est-à-dire, par l'emploi fréquent du temps présent au sens propre et du passé indéfini au sens du *praesens perfectum*, est dépourvu de tout mélange de temps.

6.5. Les problèmes discutés ci-dessus constituent, à notre avis, la partie la plus intéressante des éléments morphologiques et syntaxiques qui donnent un caractère spécifique à *RC*.

Il nous reste à présenter quelques traits de l'imparfait parce que ce temps par son emploi fréquent joue un grand rôle dans *RC* et qu'il jette quelque lumière sur le caractère général de la langue de la chronique.

6.5.1. Essentiellement, l'imparfait est employé dans notre texte de la même façon que dans les autres œuvres médiévales, c'est-à-dire, sans différence appréciable d'avec son emploi en français moderne. Il n'y a rien de surprenant dans ce fait. A en croire Foulet (*F*, p. 222) : « Les imparfaits abondent dans *Aucassin et Nicolette* : il n'y en a pas un seul qui ne fût encore très correct dans la langue d'aujourd'hui. »

6.5.2. L'imparfait est (ici encore, conformément à l'usage médiéval) souvent remplacé par le passé défini, quand la signification de l'imparfait en est une de « continuité », de « simultanéité » . Cette substitution semble ne pas se produire quand il signifie l' « habitude » et la « répétition » (voir *F*, pp. 222–224). *RC* abonde en exemples où l'imparfait a été remplacé par le passé défini : *Quant li marchis vit que le kiertés FU si grans en le ville...* XXXVI, 1–2; *chi commenche li estoires de chiaus qui conquisent Coustantinoble; si vous dirons après qui il FURENT et par quele raison il i alerent* I, 1–3; *Illueques si vi un vaslet qui estoit freres a le femme l'empereur d'Alemaingne. Chus vaslés si FU fix l'empereur...* XVII, 10–12. Ce dernier exemple est d'autant plus significatif qu'il est tiré du discours direct. L'équivalence imparfait / passé défini a lieu surtout avec le verbe « être », mais parfois d'autres verbes peuvent y participer : *Il EU un empereur en Constantinoble, Manuaus EUT a non...* XVIII, 4–5 (cf., cinq lignes plus loin, *Chis empereres amoit molt Franchois et mout les creoit*); *Entrementiers que li croisié et li Venicien SEJORNERENT illueques l'iver, si se pourpenserent qu'il avoient molt despendu* XVI, 1–3, etc.

6.5.3. P.-L. Faye, dans son étude consacrée à l'examen de l'équivalence passé défini / imparfait dans tous les genres et à toutes les époques du moyen âge, conclut : « Ce phénomène s'est développé en fonction des exigences de la métrique et une fois établi en poésie a envahi la prose. Il y est d'ailleurs resté toujours assez faible; c'est en prose aussi qu'il disparaît le plus vite[33]. » Il serait permis d'en conclure que la présence, pas du tout faible, de ce phénomène dans *RC* représente une preuve de l'influence purement littéraire sur la langue du texte.

6.5.4. Le verbe *être* présente un autre intérêt. Ce verbe possédait deux formes : *eret (ert)* [ERAT] et *estoit* (formé sur l'infinitif *ester*). Dans notre texte, c'est la forme parallèle *estoit* qui est surtout employée. Néanmoins, on trouve parfois *ert* : *Quant li dux de Venice, qui molt ert preusdons et sages, vit chou...* XCIII, 11–12. Cette forme est employée, à quelques exceptions près (comme celle citée ci-dessus), accompagnée de la forme *estoit* : *Le galie ou ens il ESTOIT ERT toute vermeille...* XIII, 21–22; *uns autres Phelippes ERT qui ESTOIT empereres d'Alemaingne...* I, 5–6; *che sanloit de noes que che fussent angle, si ERENT il bel, pour chou qu'il ESTOIENT si belement armé...* XLVII, 75–77; *car le tavle, qui seur l'autel ESTOIT, ERT d'or* LXXXV, 17–18, etc. Cette variation *ert / estoit* nous semble représenter un effort littéraire pour éviter la répétition. Ceci est d'autant plus curieux que *RC* est, en général, plein de toutes sortes de répétitions.

Conclusions du deuxième chapitre

Au cours du chapitre précédent nous avons souvent souligné le caractère dialectal de notre texte, concluant parfois que la prépondérance des traits

[33] « L'Equivalence passé défini-imparfait en ancien français », thèse manuscrite, p. 89. Cette thèse a été en partie imprimée : *L'Equivalence passé défini-imparfait en ancien français*, University of Colorado Studies, XX, 1933, pp. 267–308. Voir pp. 299–302 pour les conclusions.

dialectaux prouvait, peut-être, le caractère *populaire* de la langue de notre chronique. Parallèlement la présence des éléments dialectaux se fait sentir dans la morphologie. Les formes purement picardes des articles, des pronoms possessifs, démonstratifs et personnels et des adjectifs possessifs témoignent du caractère à tendance dialectale de la flexion. Si on affirme que les éléments dialectaux équivalent aux éléments populaires, on serait peut-être tenté de croire que *RC* est un spécimen quasi parfait du picard courant au 13ᵉ siècle. Or, il n'en est rien. Tout en nous rendant compte de la ligne de démarcation, parfois illusoire, entre la morphologie et la syntaxe, nous croyons que la syntaxe est profondément influencée par des éléments typiquement littéraires. La généralisation que nous venons de faire en déclarant que la phonétique et la morphologie de *RC* sont populaires tandis que sa syntaxe est littéraire reste, en dépit de toutes les exceptions qu'on pourrait apporter, une des conclusions les plus importantes de notre étude.

Le caractère littéraire de la syntaxe est attesté par des traits qui se trouvent dans tous les éléments de la langue. Dans la syntaxe nominale, c'est la préservation de la déclinaison qui en est la preuve. Dans la syntaxe verbale, c'est l'absence fréquente des pronoms c.-s. dans les propositions principales, l'équivalence présent / passé défini dans les parties narratives et la fréquence de l'équivalence imparfait / passé défini.

Existe-t-il une contradiction entre le caractère dialectal et populaire de la phonétique et de la morphologie d'une part et le caractère décidément littéraire de la syntaxe d'autre part ? Il nous semble que non.

En premier lieu, il faut, peut-être, atténuer l'affirmation que les éléments dialectaux d'un texte veulent nécessairement dire que ce texte est populaire. Il est sans doute vrai que pour les poètes du temps le dialectal signifiait le vulgaire. Nous en avons une preuve éclatante dans ces vers célèbres de Conon de Béthune[34], compatriote et contemporain de Robert (mentionné deux fois dans la chronique) :

> Encoir ne soit ma parole franchoise,
> Si la puet on bien entendre en franchois;
> Ne chil ne sont bien apris ne courtois,
> S'il m'ont repris se j'ai dit mos d'Artois,
> Car je ne fui pas norris a Pontoise.

Mais, remarquons-le bien, tout en concédant la supériorité du francien sur son dialecte natal, Conon de Béthune défend néanmoins ce dialecte par la

[34]*Les Chansons*, p. 5, vv. 10-14.

simple constatation qu'il est, après tout, sa langue maternelle. De plus, la note d'humour (Pontoise — centre du dialecte littéraire) prouve que Conon de Béthune ne se sentait pas trop « coupable » d'avoir employé des expressions dialectales. Si un poète, aristocrate, s'adressant à la meilleure société de son temps, à la reine même, exprime une telle attitude, que peut-on attendre du *povre chevalier*, Robert ? Nous sommes assez sûr qu'il était très loin de considérer les *mos d'Artois* ou plutôt *d'Amiens* comme des taches à son œuvre.

C'est G qui a mentionné à maintes reprises que la *scripta* picarde des œuvres littéraires est très influencée par le francien, tandis que la *scripta* des chartes présente un picard beaucoup plus « pur ». G place RC parmi les œuvres littéraires. Or, nous pensons que la distinction entre la langue des textes littéraires et celle des chartes n'est pas très claire. S'il faut absolument faire cette distinction (et nous osons en douter) nous serions prêt à classer RC plutôt parmi les chartes. Après tout, Robert a dicté un récit dont il souligne surtout le caractère documentaire et véridique : *chis qui i fu et qui le vit et qui l'oï le tesmongne, Robers de Clari, li chevaliers, et a fait metre en escrit le verité*... cxx, 4–6, nous dit-il.

Même si, au temps de notre chronique, on ne considérait pas automatiquement tout ce qui était dialectal comme « populaire » et « vulgaire », il nous reste néanmoins à élucider la présence des éléments populaires dans la phonétique et la morphologie, et celle des éléments « littéraires » dans la syntaxe. Nous croyons que ceci s'explique par le fait même que l'œuvre a été créée par un « non-professionnel ».

Une personne peu instruite, et peu expérimentée dans l'art d'écrire, inclinerait à employer une phonétique et une morphologie assez proches de sa langue naturelle, c'est-à-dire, de la langue parlée de son milieu. Encore une fois insistons sur l'interdépendance de la phonétique et de la morphologie : ce sont surtout les lois phonétiques du picard systématiquement appliquées aux mots auxiliaires qui ont produit une morphologie picarde. Quant à la syntaxe, la même personne emploierait sans doute en dictant un récit des tournures qui lui seraient devenues familières après les avoir entendu lire ou raconter, des tournures toutes faites; en dernière analyse, des tournures de la langue littéraire. La popularité de toutes sortes de chansons de gestes et de chroniques rimées est un fait bien connu, mais il serait peut-être utile de le rappeler pour prouver la provenance éventuelle de la syntaxe de certaines œuvres.

La présence d'éléments littéraires est un fait probablement vrai de tout texte à n'importe quelle époque, excepté des œuvres qui imitent consciemment la langue parlée, comme c'est le cas des dialogues dans les œuvres dramatiques, surtout celles à caractère comique et écrites en prose. C'est précisément dans le domaine de la syntaxe qu'un écrivain sans expérience suit la langue littéraire, car, nous semble-t-il, la syntaxe, c'est le domaine le moins inconscient de la langue. Personne n'est plus conscient de la différence entre sa langue parlée de chaque jour et la langue écrite, qu'un « non-professionnel ». Bien plus, personne n'est plus conscient de la difficulté d'arranger les mots (ce qui est la fonction primordiale de la syntaxe) qu'un tel écrivain. Et c'est à cause de cela qu'il se sert volontiers de la syntaxe littéraire établie. Tel était, sans doute, le cas de Robert de Clari.

CHAPITRE III

Vocabulaire

1. Le vocabulaire de *RC* a été l'objet de diverses études. Albert Pauphilet dans son article « Sur Robert de Clari » discute, entre autres problèmes, la signification des mots « difficiles » comme *mansion* et *buhotiaus*[1]. C'est également un intérêt surtout sémantique qui anime M. Georges Gougenheim dans trois de ses excellentes études : « Notes sur le vocabulaire de Clari et de Villehardouin », « A propos d'*habitacle* chez Robert de Clari » et « Le Sens de *noble* et de ses dérivés chez Robert de Clari » . Le premier de ses articles a un intérêt particulier pour nous. M. Gougenheim y discute les diverses valeurs sémantiques des groupes de synonymes suivants : *navie* et *estoire*; *herbergier* et *logier*; *mansion, maison* et *ostel*; *cité* et *vile*; *porte* et *huis*; *clore* et *fermer*. Dans l'appendice, l'auteur, frappé du passage systématique du premier terme au second terme des synonymes à un certain moment du récit, suggère que la narration a dû être interrompue pendant une période de temps assez considérable. Le vocabulaire technico-militaire de Ville-hardouin et de Robert de Clari a été l'objet de la thèse que Mlle Gertrude Landertinger[2] a soutenue à Vienne. Malheureusement, le texte de cette thèse nous est inaccessible. Nous-même avons discuté les problèmes d'étymologie et de signification des mots *buhotiaus, conterres, sydoines*[3].

1.1. En discutant le vocabulaire de *RC* nous allons en traiter deux aspects.

a) Les *mots-clés* qui jouent un rôle important dans l'appréciation du caractère de *RC*. Par mots-clés nous entendons les mots fréquemment employés qui, à première vue, n'offrent aucun problème de compréhension,

[1]La discussion du mot *buhotiaus* se trouve pp. 308–309. L'hypothèse sur la signification de *buhotiaus* est discutée de nouveau par Pauphilet dans le chapitre sur « Ville-hardouin, Robert de Clari et la conquête de Constantinople » dans *Le legs du moyen âge*, p. 235.

[2] « Der kriegstechnische Wortschatz bei Villehardouin und Robert de Clari » .

[3]Dembowski, « En marge du vocabulaire de Robert de Clari » .

mais qui jouent, cependant, un rôle particulier, différent de celui qu'ils tiennent dans le français moderne. Appartiennent à ce groupe : *pelerin, traitre, baron, dame,* etc.

b) Le caractère général du vocabulaire, son utilité pour la description des événements relatifs à la guerre et les lacunes qu'il possède quand il s'agit de décrire l'état d'esprit des gens, ce monde nouveau qu'était Constantinople, etc.

1.2. Avant de commencer la discussion de ces deux aspects généraux du vocabulaire de la chronique il serait peut-être utile, vu le caractère « non-savant » de *RC*, de démontrer les cas évidents de latinismes, d'hellénismes et d'autres emprunts[4].

Le latin ne figure dans notre texte qu'à l'occasion du titre d'un hymne bien connu : *Veni creator spiritus* XIII, 30. Les latinismes employés par Robert ne sont pas des emprunts directs au latin, mais plutôt des formes qui montrent un développement phonétique moins complet que celui des mots populaires. Tel est le cas du mot *esperit* (*Sains Esperis* XCIV, 35 et *Saint Esperit* XCIV, 34). La conservation du *e* prétonique parle en faveur d'une influence savante. Du moins, c'est l'opinion de F. Brunot qui refuse de considérer ce mot (et d'autres tels que *angele, chrestien, virgene*) comme des emprunts : « L'irrégularité de leur forme en langue vulgaire vient précisément de ce qu'ils étaient répétés sous une forme liturgique plus ou moins voisine de la vraie forme latine; ils étaient par là préservés des altérations phonétiques, au moins en partie[5]. » Après tout la forme actuelle de ce mot « esprit » est aussi partiellement savante, comme le montre la conservation du *s*.

On peut considérer comme un latinisme graphique la forme *omniement* XCV, 4, si l'on accepte qu'elle résulte d'une contamination avec le mot latin

[4]On peut considérer les formes intéressantes des noms des jours de la semaine comme des cas de provincialismes lexicaux. On trouve dans *RC* : *deluns* LXXIV, 4; *demars* CXIV, 11; *devenres* LXX, 1 (*des venres* XCII, 47). *FEW* (III, p. 72) observe que la forme n'est pas francienne mais wallonne. Le français propre a construit le nom des jours de la semaine sur la formule latine, *lunae dies,* tandis que dans la zone occitane et dans le territoire wallon, la construction romane *dies lunae* était à la base des formes *deluns, demars,* etc. La construction *lunae dies* était archaïque en latin.
Pour une discussion sur la fréquence de *dies lunae* en comparaison avec la rareté relative de *lunae dies* dans le latin des sept premiers siècles de notre ère, voir Wartburg, « Los nombres de los días de la semana », pp. 6–7.
[5]*Histoire*, I, p. 293.

omnis. Il y a deux éléments qui pourraient provenir de cette contamination : 1) *o*; 2) le groupe *mn*; *u* de ŪNITĀMENTE aurait donné *u* (cf. ŪNA > une; ŪNĪRE > unir). Le français possède quand même des cas où *ū* > *o*, par exemple, ŪNIO > *ognon* (voir *FEW*, XIV, pp. 46–47). C'est le groupe *mn* qui provient probablement de l'analogie avec *omnis*. *Gdf* (V, p. 605) donne vingt-quatre exemples de cet adverbe dont seulement deux possèdent la graphie avec *mn*. Etant purement graphique, ce latinisme peut donc être attribué au scribe.

1.3. Si les latinismes sont surtout « orthographiques », les hellénismes au contraire sont des transcriptions approximatives de formes entendues mais jamais lues. Ce fait n'est pas surprenant puisque la connaissance du grec était extrêmement rare avant la Renaissance[6]. Robert de Clari lui-même nous révèle son ignorance de la langue grecque quand il dit : *Sainte Souphie en griu ch'est Sainte Trinités en franchois*, LXXXV, 2–3. D'ailleurs, les mots grecs qu'on trouve dans *RC* présentent toujours une déformation quelconque, dans laquelle on entrevoit parfois une étymologie populaire. La plupart de ces mots sont des noms propres servant à désigner des personnes et des lieux, et qui, par conséquent, ne présentent pas pour nous grand intérêt sinon quand ils ont subi l'influence d'une étymologie populaire. A part *Constantinoble* (I, 2 et *passim*) toujours écrit avec un *b* (analogie avec « noble » ?), l'exemple le plus frappant de cette influence est le toponyme *Bouke de Lion* LXXXII, 4 et *passim*. (Voir ci-dessus, chap. I, 1.1.6.) *Bouke d'Ave* XL, 4 (qui traduit *Abydos*, port d'Asie Mineure sur l'Hellespont) présente probablement une étymologie populaire qui aurait sa source dans le « latin » *avi* (d)*os* = *bouche d'av*(e). Cette hypothèse de E. N. Stone[7] est appuyée sur le fait qu'en grec

---

[6]La connaissance de la langue grecque et de la culture byzantine était pratiquement inexistante au 12e siècle. R. R. Bolgar, *Classical Heritage* (p. 228) constate : « During the greater part of the twelfth century, the Byzantine emperors, fostering the flames of new-found nationalism, had done their best to discourage contacts with the West; and only a few zealous travellers had managed to surmount the barriers of dangers and distance, aided only by their own initiative. Such as did so, had inspired their contemporaries with awe. » C'est à partir de la croisade dont Robert fit partie, que, selon M. Bolgar, les contacts culturels entre Constantinople et l'Occident deviennent plus étroits et plus fréquents.

[7] « History of Them That Took Constantinople », p. 199. Voir aussi les explications plus ou moins identiques de Robert de Clari éd. McNeal, p. 66 et de Robert de Clari, éd. Charlot, p. 241.

byzantin *Abydos* était prononcé *avithos* (avec le *v* et le *t* fortement aspirés). Peut-on considérer *Tripe* XXXIII, 106, « Tripoli en Syrie » comme un exemple d'étymologie populaire ? (*tripe* = « boyau » à partir du 13ᵉ siècle; voir *EWF*, p. 866.) Parmi les noms de personnes le cas de *Kyrsac* XVII, 12–13 et *passim* est intéressant. Cette forme du nom d'Isaac II l'Ange provient du titre *Kurios* (seigneur). *Kurios Isaac* s'est abrégé en *Kur' Isaac* pour donner *Kursac*[8].

Le peu de mots grecs dans le texte de *RC* provient probablement, ignorance du grec mis à part, de la haine et de la méfiance de l'auteur pour tout ce qui touchait ces « traîtres grecs ». Parmi ces mots εικογα a donné *ansconne* LXVI, 17 et *passim*, où le *s* s'est sans doute amuï et où le premier *n* est dû à une anticipation nasale. Le mot *pourfile* LXXXII, 14 et *passim* (du grec πορφγρα) montre un *l* qui résulte d'une dissimilation en relation avec le premier *r*.

Un autre type d'hellénisme est constitué par la préservation de l'article défini devant certains noms de lieux grecs (voir ci-dessus, chap. II, 1.5) : *l'Andremite* CXI, 2; *au Coine* XX, 18–19 et *passim* et *la Filee* LXVI, 8. On peut considérer ce type d'emprunts ou de traductions comme des hellénismes cachés, car le sujet parlant ne se rendait probablement pas compte de la provenance grecque de l'article employé avec ces noms.

1.4. Comme dans le cas des latinismes et des hellénismes, *RC* emploie des mots de provenance arabe qui étaient bien connus en Europe. Ce ne sont pas des emprunts faits par Robert lui-même. Tel est le cas du mot *Haussassis* XXXVIII, 7 de l'arabe classique *ḥaššašūn*, « qui s'adonne au haschische ». Ce terme était bien connu en Occident[9]. Remarquons que la forme *Haussassis* employée dans *RC* semble être plus proche de l'arabe que la forme ultérieure. C'est la conservation du *h* initial qui le démontre. Notre texte conserve

[8]Voir Robert de Clari éd. McNeal, p. 46, note 32.
[9]Telle est l'opinion de M. Frank M. Chambers, « Troubadours and Assassins ». A la page 249 il déclare : « In 1192 Philip Augustus let it be known that he suspected Richard the Lion Heart of having induced the Old Man of the Mountain to send some of the Assassins to France to murder him (Philip) and he redoubled his personal guard. This is recorded by several historians and undoubtedly tickled the popular fancy. » Telle est aussi l'opinion de Bernard Lewis, « The Sources for the History of the Syrian Assassins ». A la page 475, Lewis considère la date de l'assassinat du Marquis Conrad de Monferrat à Tyre (assassinat mentionné dans *RC*), c'est-à-dire, 1192, comme le commencement de la notoriété des Assassins.

partout le *h* d'origine non-latine. (Voir ci-dessus, chap. I, 1.5.) Ce trait nous convainc que Robert (ou au moins le scribe) prononçait ce *h*. Le nom *Salehadins* XXXIV, 4 et *passim* est aussi plus proche de l'arabe classique *Salāhuddīn* que le *Saladin* ultérieur.

2.   A la catégorie des mots-clés appartiennent des termes qui pour la plupart existent toujours. Dans *RC* ils ont souvent une signification sensiblement différente de celle du français moderne. Nous allons tâcher de préciser le sens dans lequel ils ont été employés par Robert de Clari.

2.1.   La connaissance de la signification moderne des mots *dames et demoiselles* peut nuire à la compréhension d'un passage comme : *Et les dames et les demiseles du palais estoient montees as fenestres, et autres gens de le cité, et DAMES ET DEMISELES, estoient montees as murs de le chité et esgardoient chevauchier chele batalle...* XLVII, 70–74. La première impression créée par les mots *dames* et *demiseles* nous plonge en plein roman courtois où les chevaliers se battaient sous le regard des dames nobles. Il est vrai que le premier emploi de *dames et les demiseles* peut justifier, jusqu'à un certain point, cette impression, car ces deux noms sont modifiés par *du palais*; cependant, il n'y a rien dans le second emploi du groupe *dames et demiseles* qui puisse suggérer qu'il s'agisse de la haute société. Les *dames et demiseles* sont, à notre avis, tout simplement les femmes et les filles des *autres gens de le cité*. Comme preuve, nous soulignons la signification de *dame* dans *si y fu si povres qu'il ne se pooit warir, tant qu'il s'en revint arriere en Constantinoble par fine povreté; si se mucha en le maison a une veve DAME en le vile* XXI, 51–54. Nous voyons ici un pauvre proscrit qui, comme nous dit Robert, *n'avoit il nul catel u siecle, fors une mule et un vaslet* (XXI, 54–55), se cacher dans la maison d'une femme qui est qualifiée quelques lignes plus loin de *boine femme* (XXI, 65–66, 69, 74). Pourtant même les lettrés ignorent quelquefois que *dame* puisse désigner une femme n'appartenant pas à la noblesse. Ainsi, par exemple, K. J. Hollyman, dans son ouvrage sur le vocabulaire féodal (p. 108), donne les significations suivantes du mot *dame* : « femme de comte, de duc, de seigneur, femme noble (en général) et religieuse » . Il ne mentionne pas la signification plus large de « femme mariée[10] » . C'est précisément pour éviter les ambi-

---

[10]M. Urban T. Holmes, Jr., qui reproche cette omission dans le compte rendu du livre de M. Hollyman, déclare (p. 294) à propos de *dame* : « In the 12th century it

guïtés ou les fausses impressions de cette sorte que nous croyons nécessaire de passer en revue la valeur sémantique des principaux termes employés dans la chronique.

2.2. Commençons par le vocabulaire de l'armée dont Robert fait partie. Tout au début, les membres de cette armée sont appelés *croisiés* (i, 16 et *passim*). Ce nom s'applique à celui qui a répondu à l'appel de ceux qui prêchaient des *crois* (i, 10–12) et qui pour l'*amour de Dieu et pour secorre le tere d'outre mer* [prend] *le crois* iv, 16–18. C'est un volontaire qui n'est guerrier de l'armée chrétienne qu' « en puissance » . Aussitôt qu'il quitte la maison et devient soldat « de facto », il devient *pelerin*. Nous trouvons ce terme pour la première fois lors de la description de l'assemblée des armées à Venise : *Quant li pelerin furent tot asanlé en Venice...* x, 1. Le mot *croisié* est employé comme synonyme de *pelerin* et alterne avec ce mot depuis ce moment jusqu'à ce que la guerre commence pour de bon; on le trouve pour la dernière fois tout au début du premier siège de Constantinople (xliii, 1). Au point de vue historique le chapitre xlii présente le début de la croisade, car les chapitres i à xvii décrivent les préparatifs, les négociations avec les Vénitiens et la prise de Zara, les chapitres xviii à xxix résument l'histoire antérieure de Constantinople et les chapitres xxxiii à xxxiv, l'histoire antérieure du royaume des croisés en Orient. Nous voyons donc que le soldat « en puissance », le *croisié*, ne devient soldat réel, *pelerin*, qu'au chapitre xliii[11].

L'emploi des mots *pelerin* et *pelerinage* (xxxiii, 9) en rapport avec la guerre contre les infidèles est très intéressant, car il semble remonter aux origines mêmes des croisades. En effet, c'est au cours des pèlerinages en Espagne et en Palestine que l'idée d'une expédition militaire contre les infidèles a pris

---

had much broader reference, for a married woman. » *T.-L.* II, p. 1177, donne aussi pour *dame* entre autres significations : « ehrende Bezeichung oder Anrede für verheiratete Frauen » .

[11]Nous ne sommes pas d'accord sur l'interprétation de l'emploi des mots *pelerin / croisie* que donne M. Gougenheim (« Notes sur le vocabulaire de Clari et de Villehardouin ») pour prouver que la narration de Robert a été interrompue vers le chapitre xliv. Il nous semble qu'il existe une opposition sémantique nette entre ces deux termes, et que c'est précisément cette opposition qui dicte le choix du mot *pelerin* dans la deuxième partie du récit. Ceci dit, nous applaudissons M. Gougenheim lorsqu'il prouve la possibilité d'une interruption par l'emploi des mots *pelerin / Franchois* et *estore / vaissel*.

naissance : le but était d'assurer la protection des pèlerins[12]. La conservation du mot pèlerin pour désigner « un membre d'une expédition militaire contre les infidèles » semble fournir une preuve linguistique du rapport étroit qui existait entre ces deux exercices de piété[13].

[12]Les historiens des croisades soulignent le rapport étroit entre le concept de « pèlerin » et celui de « guerrier dans l'expédition contre les Sarrasins » . Ce rapport provient des origines communes de ces deux institutions. Ainsi, p. ex., Marshall W. Baldwin, *A History of the Crusades* (I, p. xix), déclare : « Within European Christendom two lines of development were to converge in the First Crusade : pilgrimage and the holy war. The first is the older of the two, indeed, nearly as old as Christianity. As the practice developed, it received direction and ultimately became associated with the penitential system of the Church. Deeply ingrained in western thinking, the idea of pilgrimage inspired even the most worldly of the crusaders. » De même, Karl Erdmann, *Die Entstehung des Kreuzzugsgedankens* (p. vii), expose le problème dès le commencement de son étude : « In der Kreuzzugsbewegung kamen zweierlei geistige Kräfte zur Wirkung : der Gedanke der WALLFAHRT zu den Stätten des ursprünglichen Christentums, und die Idee des HEILIGEN KRIEGES, des Ritterkampfes im Dienste der Kirche. » Voir aussi le chapitre I, « Pèlerinage et croisade » du Alphandéry, *La chrétienté et l'idée de croisade*, I, pp. 9–42.

[13]Du Cange, *Glossarium mediae et infimae latinitatis*, éd. Favre, VI, p. 271, donne aussi, entre autres significations, celle de « *crucesignatus* » pour « *peregrinus* » (interpolation de Favre). *FEW*, VIII, p. 232, note que l'emploi de *pèlerin* comme synonyme de *croisé* n'a lieu qu'à la fin du 12ᵉ et au début du 13ᵉ siècle, mais n'en cite aucun exemple. *Gdf* n'offre pas la signification « croisé » pour « pèlerin » . Ceci semble étrange car les documents antérieurs et contemporains à *RC* montrent l'emploi des termes *pèlerinage* et *pèlerin* pour *croisade* et *croisé*. Ainsi, *La Chanson d'Aspremont*, éd. Brandin, I, p. 29, dépeint Charlemagne qui appelle les *croisés* aux armes : *Venés od moi en cest PELERINAGE* (v. 869). De même la *Chanson d'Antioche*, éd. Paris, I, p. 245, contient les vers suivants (vv. 588–590) :

> Dès le commencement dusqu'al jor del juis
> Seront mais benéoit li PELERIN de pris,
> Qui prisrent le Sepulcre où Diex fu mors et vis.

Ambroise dans son *Estoire de la guerre sainte*, éd. Paris, emploie dès le commencement *pelerin* pour « soldat de l'expédition contre les Sarrasins » : voir v. 390, p. II et *passim*. Le mot *croisé* n'est pas employé dans cet ouvrage. Ambroise parle du *croisement*, v. 156, p. 5, que Gaston Paris traduit par « croisade » et de l'action de *prendre la croiz*, v. 67, p. 3 et *passim* ou de *se croisier*, v. 145, p. 5 et *passim*. Villehardouin (*La Conquête*) emploie le verbe *se [en] crois[s]ier*, I, p. 6 (chap. 4) et *passim*. Il appelle les membres de l'armée *genz crossies*, I, p. 14 (chap. 14). Mais, peut-être, est-ce à cause du caractère plutôt politique et militaire de son exposé (par contraste avec le caractère religieux et moral d'Ambroise et populaire de *RC*) que le terme *pèlerin* n'est pas employé par Villehardouin.

2.2.1. De plus Robert n'emploie les mots *croisiés* ou *pelerins* que pour désigner les guerriers qui sont venus de France, de Flandres ou d'Allemagne. Les Vénitiens, qui forment la moitié des forces de l'expédition, sont toujours appelés *li Venicien*. D'ailleurs, on retrouve presque partout dans le texte l'opposition, d'abord, *croisiés / Veniciens*, et plus tard, *pelerins / Veniciens*, ce qui veut dire qu'en parlant de toute l'armée Robert préfère dire : *Entrementiers que li croisié et li Venicien sejornerent illueques l'iver...* XVI, 1-2 et *passim; Après il parlerent ensanle, li pelerin et li Venicien...* XLIV, 48-49 et *passim*. Il ne lui arrive qu'assez rarement de se servir du terme *li pelerin* pour désigner toute l'armée.

Quelles sont les raisons de cette opposition ? A notre avis, elles découlent de la nature même de l'alliance entre les croisés et la Sérénissime République. Les croisés constituent la cavalerie et l'infanterie, tandis que les Vénitiens la marine. Une fois en Grèce, les Vénitiens combattent comme les autres croisés, quoique à cause de leur science maritime ils soient tout indiqués pour certaines tâches : ainsi, pendant les deux sièges de Constantinople, ils attaquent la ville du côté de la mer. Mais l'opposition entre les croisés et les Vénitiens a des sources beaucoup plus profondes qu'une simple différence de tâches militaires. D'abord, les « Francs » sont tout à fait étrangers à ce monde grec, alors que les Vénitiens semblent non seulement connaître le pays mais savent toujours mener à bien leurs plans. Ils sont au courant de ce que coûtera une expédition comme la leur et du prix que les « Francs » peuvent payer. Le doge de Venise a, dès le début, des intentions franchement commerciales : il discute telle ou telle somme d'argent pour tel ou tel service à rendre. De plus, individuellement, les Vénitiens ne sont pas, à strictement parler, des croisés car, contrairement aux autres, ils ne « prennent pas la croix », c'est-à-dire que leur décision d'aller à la croisade n'est pas personnelle. Selon Robert (XL, 5-15) ils sont désignés au sort. En un mot, ce sont des « conscrits », tandis que les croisés sont des « volontaires ». Bien plus, les croisés payaient pour atteindre le but proposé, tandis que les Vénitiens sont payés. En un certain sens ces derniers sont des mercenaires au service des croisés. Robert a dû ressentir profondément ce qui le séparait du soldat vénitien pour en venir à employer systématiquement l'opposition *pelerins / Veniciens*. Mais, ce qui est intéressant, c'est qu'en dépit de tout, il ne fait jamais preuve de la moindre animosité envers les Vénitiens, et cela, même quand il décrit *une grans meslee... entre les Veniciens et le menue gent des pelerins* XV, 1-2. Jusqu'à la fin Robert ne montre que du respect envers les Vénitiens et envers leur chef, le doge Dondolo : *Quant li dux de Venice, qui molt ert preusdons et sages* XCIII, 11-12, dit-il, en décrivant les querelles occasionnées par l'élection d'un empereur. Ce problème reste à être élucidé par les historiens.

2.2.2. A mesure que se déroule le récit, l'appellation « idéaliste » de *pelerin* est de plus en plus souvent remplacée par celle de *Franchois* : *Et li Franchois redemanderent des nouveles as Veniciens* XLIX, 11-12 et *passim*. M. Gougenheim dresse les statistiques suivantes[14] à propos de la fréquence des termes qui expriment le concept de « soldat d'une expédition contre les infidèles » :

	Chap. I-XLIII	Chap. XLIV-Fin
Croisés	19	0
Pèlerin	22	26
Franchois	0	51

On peut expliquer ce remplacement de *pelerin* par *Franchois* par la diminution progressive de l'esprit de croisade chez les membres de l'expédition ou encore tout simplement par un fait de nature linguistique. Rappelons que *Franchois* ne désigne pas seulement les gens de *Franche* puisque ce dernier mot ne s'applique qu'à l'Ile de France (*et chist que je vous nomme ichi estoient de Franche et de Biauvesis* I, 57-58). *Les Franchois* sont donc ceux qui parlent *franchois*. On peut supposer que dès que les croisés se sont trouvés dans un pays où leur langue n'était pas comprise, ils ont senti se reserrer de plus en plus le lien linguistique qui unissait leurs divers éléments et ont peu à peu pris conscience de leur qualité de « Franchois » , ce qui expliquerait l'usage de plus en plus fréquent de ce terme à mesure que la chronique avance.

2.2.3. En parlant des personnes venues d'Europe occidentale, Robert emploie parfois le terme générique de *Latins*. C'est, sans aucun doute, une appellation fondée sur la distinction des rites romain et grec. L'emploi du mot *latin* au sens de « membre de l'Eglise catholique romaine » dans *RC* est intéressant car il semble s'agir là d'un des premiers exemples de cet emploi.

[14]Nous pensons que M. Gougenheim (voir ci-dessus, note 11) se sert, avec raison, de l'opposition *pèlerin / Français* pour démontrer que le récit de Robert aurait pu être interrompu vers le chapitre XLIII. C'est l'opposition *croisé / pèlerin* qui ne prouve rien.

FEW (V, p. 199) constate que cette signification date du 13ᵉ siècle, mais il n'en fournit aucun exemple. Ce terme n'était employé du temps de notre chronique qu'en dehors des territoires appartenant au rite de l'Eglise romaine, car Robert se sent obligé de l'expliquer deux fois : *ore apele on tous chiax de le loy de Romme Latins* xvIII, 62–63, etc.; *tous chiaus de le loy de Rome, tous les Latins de le vile* xxxIII, 42–43. A noter que Robert n'applique ce terme qu'aux Occidentaux qui séjournaient parmi les Grecs avant l'expédition de 1204 (voir xvIII, 61, 73 et xxxIII, 47, 51).

2.3.   Les dirigeants de l'armée franco-vénitienne sont le plus souvent désignés sous le nom de *baron* : *Aprés quant li baron eurent mené Alexe u palais* LIII, 1–2; *Aprés avint a un jour que li baron s'asanlerent...* xcvIII, 1–2; *et tant que li empereres s'apareilla et li baron...* cxII, 9 et *passim*. Dans notre texte le mot s'emploie surtout au pluriel. Sa signification correspond à celle donnée par *T.-L.* (I, p. 848, 1.8) c'est-à-dire, à celle de « chef, d'homme important » au sens le plus large, et à celle donnée par *Gdf* (VIII, p. 294), c'est-à-dire, « grand seigneur féodal » . Par contre, nous n'avons pas trouvé un seul exemple de la signification donnée par *Gdf*, I, p. 589 : « homme distingué par... ses hautes qualités et surtout par sa bravoure » . L'idée de bravoure est néanmoins préservée dans le dérivé de *baron* : *barnage*. (Voir, p. ex., *et merchierent molt les barons et disent que molt avoient bien fait et grant BARNAGE, qui si faitement avoient ouvré* LII, 9–11.) Le terme *baron* n'est pas employé comme forme d'adresse. Au vocatif, on trouve toujours : *Seigneur* (au pluriel), *sire* (au singulier). (Voir ci-dessus chap. II, 5.3.)

RC présente assez souvent le mot *baron* accompagné de l'adjectif *haut* : *li empereres manda tous li haus barons* xcIX, 1–2 et *passim*. Comme nous allons le voir plus tard l'adjectif *haut* est employé au sens métaphorique et désigne un personnage important, un chef. Puisque c'est cet adjectif qui porte la grande partie de la force sémantique dans l'expression *haut baron*, le nom *baron* perd ici un peu de sa signification et semble équivaloir à *homme*. *Haut baron* est un synonyme de *haut homme*. Cf. : *Aprés s'asamblerent tout li conte et li haut BARON...* II, 1–2; *Aprés si s'asanlerent li conte et li haut HOMME...* LVIII, 1–2 et 19–20[15].

[15]Cette signification de *baron* dans *RC* n'a rien d'extraordinaire. Le sens étymologique fondamental du mot *baron* est « homme libre » (*REW*, 962) et « homme » (*FEW*, I, p. 254). C. A. Westerblad dans la conclusion de sa thèse, « *Baro* » *et ses dérivés*, p. 135, donne un tableau des différentes significations de ce mot dans lequel on peut trouver toutes les significations de *RC*.

2.3.1. L'emploi de *baron* au singulier est tout à fait différent. Il signifie alors « époux », et dans ce sens il ne possède aucune attache à la terminologie aristocratique : *si s'en revint ele arriere a sen BARON, si li dist...* xxv, 27–28 (il est question ici de la tavernière qui s'adresse à son mari); *si i voit ele chelui qui avoit esté ses BARONS* xxxiii, 124 (il s'agit ici de la femme de Gui de Lusignan, roi de Jérusalem). L'emploi du mot *baron* au sens de « mari » est commun en ancien français[16]. *FEW* (I, p. 254) considère cet emploi comme un trait dialectal du wallon, de l'anglo-norman et du picard.

2.4. On se rappelle l'emploi fréquent de *haut* devant le mot *homme* (et parfois devant *baron*) au sens métaphorique de « important, influent, dirigeant[17] » . M. Gougenheim[18] croit que *haut* devant *homme* sert à indiquer la noblesse de naissance : *Quant li taverniers l'oï, si envoia un message pour un haut homme...* xxv, 29–30; *Li haut homme... qui se devoint combatre a l'empereeur, avoient estavli que on avoit eslit...* xlvii, 1–2, etc. Cet emploi de *haut* donne à Robert l'occasion de répéter une plaisanterie cruelle, apparamment bien connue parmi les croisés[19] : après la capture de Murzuphle les comtes se demandent comment tuer leur illustre prisonnier : *... tant que li dux de Venice dist que trop estoit haus hons pour pendre :* « *Mais de haut home* », *fist li dux,* « *haute justiche je vous dirai* », *fist li dux,* « *que on en fache : il a en chele vile deus hautes colombes... si le fache on monter en som l'une, et puis si le faiche on tresbuskier jus a tere* » cix, 10–17.

2.5. L'adjectif *rike* accompagne assez souvent le mot *homme*. Quelle est sa signification dans *RC*? Jeanroy[20] considère cet adjectif comme simple synonyme de *haut* et propose de l'éliminer de l'expression *li rike homme* dans *Adont si s'asanlerent li haut homme, li rike homme, et prisent consel entr'aus* lxxx,

---

[16]C. A. Westerblad, « *Baro* » *et ses dérivés*, p. 82, constate que le sens « mari » pour « baron » « remonte jusqu'aux origines du français » . En effet, *Gdf* (I, p. 589) cite des exemples tirés de Gautier de Coincy, *Aucassin et Nicolette, La Fille du comte de Pontieu*, etc.

[17]Stone, trad., « History of Them That Took Constantinople », p. 179, traduit l'expression *haut homme* par : « men of high estate » . Dans la note 25 (à la même page), il fait la remarque suivante : « « Haus homes » literally « high men » . The author uses this term repeatedly to designate the rich and powerful members of the higher nobility, for whom as a class, he entertained a very lively dislike... »

[18]« Le Sens de *noble* et de ses dérivés », p. 271.

[19]Malgré son sérieux, Villehardouin (*La Conquête*, II, p. 116) se permet de remarquer à propos du même incident : *si halte justise devoit bien toz li monz veoir.*

[20]« Corrections », p. 392.

11-12. Nous ne sommes pas d'accord avec Jeanroy. La répétition sous forme de synonyme ou de presque synonyme est très fréquente dans *RC* (nous en fournirons la preuve plus loin); cette construction binominale en constitue même un des traits stylistiques les plus frappants. De plus, *rike homme, haut homme* sont-ils vraiment synonymes? Dans la phrase citée ci-dessus, la signification de *rike* semble être « puissant, riche en influence ou en avoir », de même que dans *qu'il envoiast se sereur a si haut homme et a si rike homme comme li empereres estoit* XIX, 15-16. Ailleurs, nous avons la preuve que *rike* ne signifie pas la même chose que *haut* et qu'on peut être *haut* sans être *rike* : *il avoit trois joules vaslés en le vile, qui estoient d'un lignage que on apeloit le lignage d'Angle, et estoient haut homme, mais il n'estoient mie rike, ains estoient povre, ne n'estoient mie de grant pooir* XXI, 35-38. Nous voyons que pour être *haut* il faut être bien né. *Haut* semble donc être synonyme de *gentix* : *Nous i avons eslut tel...qui boins i est et en qui empires est bien emploiés et qui bien est poissans de tenir loi et gentix hons et haus hons...* XCV, 19-23.

2.5.1. L'adjectif *noble* n'est pas employé pour décrire une personne. (Voir ci-dessous, 4.3.2.) Dans *RC* cet adjectif, de même que ses dérivés *noblement* et *nobleche*, ne décrit que des choses.

2.6. Mais ce ne sont pas seulement les *rikes* et les *haus* hommes qui composent l'armée de la quatrième croisade. Robert distingue clairement deux autres classes, la *menue gent* et les *povres chevaliers* : *Adont si s'asanlerent li haut homme, li rike homme, et prisent consel entr'aus, que le menue gent n'en seurent mot ne li povre chevalier de l'ost...* LXXX, 11-14. La *menue gent* se compose de *serjans* (LXII, 2 et *passim*), qui peuvent être ou *serjans a pié* (XLVII, 20 et *passim*) ou *serjant a cheval* (XCVIII, 6 et *passim*), et de toutes sortes de serviteurs : *cuisiniers* (XLV, 19, 29-30), *garchons qui les chevax gardoient* (XLV, 18-19), etc. La *menue gent* est parfois désignée par l'épithète *bas* LXXV, 21.

2.7. Le terme *chevaliers* ne signifie pas simplement « hommes à cheval » car Robert les distingue des *serjans a cheval*. (Voir ci-dessus, 2.6.) Déjà, la forme francienne de ce terme (voir chap. I, note 11) pourrait suggérer un titre qui aurait servi à désigner un « noble[21] ». Jeanroy[22] considère *chevalier*

[21]La signification du mot *chevalier* est discutée par G. Gougenheim dans « De *chevalier* à *cavalier* ». Traçant le développement de ce mot à partir de son origine dans la langue des casernes romaines et à travers l'ancien français, M. Gougenheim observe (p. 118) que dans *RC* ce mot possède déjà le sens de personne appartenant à une haute classe sociale. Voir aussi Hollyman, *Le Développement du vocabulaire féodal*, pp. 134-135.

[22]« Corrections », p. 393.

comme synonyme de *haut homme* et veut supprimer ce dernier dans la phrase *et prist on dis chevaliers haus hommes de pelerins et dis Veniciens...* LXXXI, 3-4. Ici encore, nous ne sommes pas d'accord avec Jeanroy. Tous les *haus hommes* sont *chevaliers*, mais tous les *chevaliers* ne sont pas *haus* ou *rikes*. Robert parle souvent des *povres chevaliers* (LXXX, 21 et *passim*), et si l'on en juge par ses sorties contre les *rikes* (voir, p. ex., LXXX, 15-18 et CV, 11-17), il ne se considère pas comme l'un d'entre eux quand il se qualifie *Robers de Clari li chevaliers* deux fois : LXXVI, 3-4 et CXX, 5-6. Il se considère probablement un *povre*, mais seulement en biens terrestres, un de ces chevaliers décrits par le poète de la génération qui suit la sienne :

> uns chevaliers preus,
> Cortois et bien chevalereus,
> Riches de cuer, povres d'avoir[23].

2.8.   Robert appelle les adversaires des croisés les *Grius* XLIII, 31 et *passim*. (Rarement on trouve aussi *Grieus* LXXIII, 15.) *Gri[e]us* est un développement normal de GRAECŌS. Mais (voir chap. I, 2.2) on trouve aussi *Grijois* (comme nom, XLIV, 3; et comme adjectif, LXXIV, 14 et LXXV, 31-32, dans l'expression *fu grijois* « feu grégeois »). L'origine de *grijois* est-elle *GRAEC-ĒNSES ? *FEW* (IV, p. 210) donne *grezeis, grezois* comme formes premières. Du point de vue de la signification, il n'existe pas de différence entre *Griu* (*Grieu*) et *Grijois*. Remarquons que Robert ne se sert pas de la forme *Grifon* pour « Grec », contrairement à Villehardouin et aux nombreux écrivains de l'époque[24].

Quand il parle des Grecs, qu'il s'agisse de ses contemporains ou des ancêtres de ceux-ci, Robert accompagne très souvent le mot *Griu* de l'épithète « traître ». Il faut souligner l'importance de cette épithète. Quand Robert parle de *empereres et si traïteur qui entour li estoient* LX, 9, ou de *Morchofles li traïtres* LXIV, 1-2 ou des Grecs qui *estoient traïteur et mordrisseeur, et qu'il estoient desloial, quant il avoient leur seigneur droiturier mordri, et qu'il estoient pieur que Juis* LXXIII, 8-10, etc., il veut dire que tout ce que les croisés ont fait pendant la conquête et au cours de l'établissement de l'empire franc était justifié et

---

[23]Huon le Roi, *Le vair palefroi*, éd. Lângfors, p. 2, vv. 35-37.

[24]Villehardouin, *La Conquête*, II, p. 46 et *passim*. Pour d'autres exemples de l'emploi de *Grifon* et pour une discussion étymologique, voir Holmes, Jr., « Grifaigne, Grifon ». Est-ce que le fait que *RC*, contrairement à Villehardouin, ne se sert pas de la forme *Grifon* signifie qu'elle appartenait plutôt au vocabulaire des classes supérieures ?

juste (*droituriere* LXXII, 9 et *passim*). Les Grecs sont des traîtres non seulement parce qu'ils n'acceptent pas *le loi de Rome* (LXXII, 11), mais parce qu'ils n'ont pas tenu leurs *convenanches* (LVI, 2–3 et *passim*). D'ailleurs, l'épithète « traître » s'emploie aussi à l'égard des Français lorsque ceux-ci manquent à leur *convenanches* : *vous estes tout traïteur* (CV, 17) s'écrient les *povres chevaliers* quand ils se rendent compte de l'injustice du partage du butin. Dans le code légal de Robert la *traïson* (XXXIII, 86 et *passim*) et la *male foi* (CXII, 32–33 et *passim*) figurent parmi les pires des crimes. N'est-ce pas précisément la *traïson* des *povres chevaliers* par les *rikes* qui a été cause des échecs de la croisade ? Voir CXII, 31–35; LXXX, 15–18, etc. L'épithète « traître » souvent placée devant *Grecs* ne sert pas exclusivement à insulter et à dénigrer l'ennemi; elle est répétée afin de souligner la félonie des Byzantins, et ce faisant, d'excuser et de justifier les actions des croisés contre eux.

3.   Robert de Clari était un *povre chevalier* et non pas un clerc. Il n'aurait pas été capable de faire la description du bouclier d'Achille ou du tombeau de Camille comme certains écrivains expérimentés qui l'ont précédé, mais il a vu des merveilles aussi grandes que le bouclier d'Achille et que le tombeau de Camille, et il faut compter à son crédit le fait qu'il a voulu décrire ces merveilles. Quel vocabulaire avait-il à sa disposition pour communiquer ses impressions ?

3.1.   Commençons par considérer le vocabulaire qui, à cause de la profession de l'auteur, lui était le plus familier, c'est-à-dire, le vocabulaire militaire. Comme on pouvait s'y attendre, il le connaît très bien. Il emploie avec facilité tous les termes technico-militaires tels que : *arriere warde* XLV, 14 et *passim*; *avantgarde* XLVII, 68 et *passim*; *batalle* XLVII, 21 et *passim* (*bataille* XLVII, 36 et *passim*) « division de cavalerie »; *cas*[25] LXIX, 6; *carc[h]loies*[26] LXIX,

[25]*Cas* est le développement picard normal de CATTUS. Voir *T.-L.*, II, p. 313, et *FEW*, II, p. 519, où cet engin est défini comme « machine de guerre faite à guise de galerie couverte sous laquelle les assiégeants pouvaient saper un mur à couvert ». Une description plus exacte de cet instrument se trouve aux pages 386–387 de M. Wilhelm Giese, « Waffen nach den provenzalischen Epen und Chroniken ».

[26]*carchloie* < CARRUM + *cloie* [*cloie* < gaulois *cleta*; voir *EWF*, p. 226, *T.-L.*, II, pp. 494–495]. Le *ch* dans *chloie* n'est pas régulier : on s'attendrait à *c*; cf., p. ex., *cleus*, LXXXII, 25 < CLĀVUS. Ce *ch* est probablement purement graphique. La signification de *carchloie*, « Machine de guerre, claie posée en demi-cercle et montée sur trois roues » (*Gdf*, II, p. 67), « engin de guerre pour approcher des murs » (Lauer, *RC*, p. 127).

6; *compaingnies* XLVII, 19 et *passim* « division d'infanterie »; *dromons* X, 3; *estoire* V, 9 et *passim* (*estores* XXXI, 5 et *passim*); *fu grijois* LXXIV, 14; *huiriere* LXIV, 12; *lisches* XLVII, 33 (*liches* XLVII, 35); *maistre meneeur de la* [msRC = le] *batalle* XLVII, 60; *mangonniax* XLVI, 15 et *passim*; *navie*[27] X, 2 et *passim*; *perrieres* LXXIV, 17 et *passim*; *quarriaus* XLIV, 37; *truis*[28] LXIX, 7; *uissier* X, 3 et *passim*.

Constatons que l'auteur se rend bien compte que le vocabulaire technico-militaire est limité aux gens de sa classe et de sa profession, puisqu'il explique à plusieurs endroits les termes dont il se sert. Nous trouvons des explications très sommaires comme celle de l'*arriere warde* : *li marchis, qui estoit sires de l'ost, eut l'arriere warde, et warda l'ost par deriere* XLV, 13–14. Mais il y a aussi des définitions beaucoup plus précises. Prenons, par exemple, celle de *uissier* : *li uissier estoient en tele maniere fait que il i avoit wis que on ouvroit bien, si lanchoit on un pont hors, par ou li chevalier pooient issir hors a tere tot monté* XLIII, 16–19. Le terme *maistre meneeur de la* [msRC = le] *batalle* employé au XLVII, 60 est ainsi défini cinquante lignes plus loin : *on avoit eslit de cascunne batalle deus des plus preudoumes et des plus sages que on i savoit; et quanke il kemandoient estoit fait; s'il kemandaissent : « Pongniés ! » on pongnoit, s'il kemandaissent « Alés le pas ! » on aloit le pas* XLVII, 3–7. Ailleurs, il explique les termes techniques des divers engins de siège : *li Franchois fisent faire uns autres engiens que on apeloit cas et carchloies et truis pour miner as murs* LXIX, 5–7. Ces explications et ces définitions semblent démontrer que Robert destinait le récit de ses expériences à des « non-militaires » plutôt qu'à des « militaires »; probablement aux religieux de Corbie où il avait déposé les reliques qu'il avait rapportées de Constantinople (*RC*, pp. ii–vii).

3.2. Robert se révèle aussi assez familier avec le vocabulaire ecclésiastique puisqu'il en emploie correctement quelques termes : *apostoiles* I, 4 et *passim* (« le pape »); *maistres* I, 8 et *passim* (titre ecclésiastique)[29]; *evesquié* I, 10;

[27]Pour une discussion de la signification des termes navals, voir Gougenheim, « Notes sur le vocabulaire de Clari et de Villehardouin », pp. 401–406.

[28]*Truis* < lat. vulgaire TROIA (*REW*, 8933, *EFW*, p. 872) : « Machine pour lancer des pierres, battre les murailles et se mettre à couvert en approchant des murs » (*Gdf*, VIII, p. 99).

[29]*Maistre* semble signifier dans notre texte « un ecclésiastique savant » . (Cf. Charles J. Liebman, Jr., « Le Commentaire français », p. 449, qui conclut que le titre *Magister* donné à Simon de Tournoi signifie « écolâtre », c'est-à-dire, professeur de théologie.) Néanmoins, W. A. Stowell, *Old French Titles*, p. 184, déclare : « In texts of all periods and from all sections of France *maistre* and its compounds were used as titles in direct address for clercs, doctors, lawyers, and savants. »

ansconne LXVI, 56 et *passim* (voir ci-dessus, 1.3); *patriarche* XXII, 28 et *passim* (*patriarke* LXXX, 28; *partriarcles* LXVIII, 10); *saintuaires* LXXXII, 20 (« reliques »); *sydoines*[30] XCII, 45; *maistres auteus* LXXXV, 15–16, etc., néanmoins il semble ne pas le connaître aussi intimement que celui de la guerre. En effet, au lieu de dire « ambom » ou « lutrin », il se sert d'une circonlocution, *Li lieus la ou on lisoit l'ewangile* LXXXV, 25–26; et au lieu de « ciborium » ou « baldaquin », il emploie un terme plus général, *abitacle*[31] LXXXV, 22.

4.   Somme toute, Robert manie avec assez d'aisance les vocabulaires militaire et ecclésiastique. Que peut-on demander de plus à un chevalier qui écrit probablement pour un monastère ? Le vocabulaire de Robert aurait été tout à fait suffisant s'il avait traité de petits incidents qui n'auraient pas été susceptibles de donner naissance à de grandes émotions collectives ou individuelles, et si, en plus, sa chronique avait eu comme arrière-scène un pays et des gens qu'il connaissait bien. Mais il a décrit la Quatrième Croisade, laquelle a sans doute été un des mouvements les plus spectaculaires du moyen âge. Son vocabulaire « psychologique », c'est-à-dire le vocabulaire qui lui sert à présenter l'état d'esprit des gens autour de lui (car l'auteur, avec une humilité remarquable, ne parle presque jamais de ses propres actions et jamais de ses propres sentiments) est extrêmement pauvre. Il en est de même de son vocabulaire « esthétique », c'est-à-dire celui avec lequel il essaie d'exprimer la nouveauté, l'étrangeté et la beauté de Constantinople, héritière de la splendeur antique. Nous aurions pu étudier ces deux vocabulaires ensemble puisqu'ils s'appliquent tous les deux à la vie spirituelle de l'homme; si nous ne l'avons pas fait, c'est que dans la description de Constantinople (qui constitue une des parties les plus importantes de la chronique) Robert trahit une insuffisance de moyens qui demande une étude particulière.

4.1.   Robert ne dispose que d'un vocabulaire très restreint quand il juge les gens et décrit leurs qualités. Comme nous l'avons déjà vu (ci-dessus, 2.8), les Grecs sont tout simplement traîtres. Pour décrire ceux qui ne sont pas Grecs, l'auteur emploie des adjectifs qu'on peut diviser en deux groupes : ceux qui expriment des qualités positives et ceux qui expriment des qualités négatives. Ils sont simples, peu nombreux et peu nuancés. A part *boin*, les

---

[30]Nous avons discuté la confusion *sydoines* / *suaire* dans « En marge du vocabulaire de Robert de Clari ».

[31]Les autres significations de *habitacle* dans *RC* sont discutées par M. Gougenheim, « A propos d'*habitacle* ».

adjectifs marquant les qualités les plus estimées de Robert sont *sages* XLVII, 4 et *passim* et *preudoumes* XLVII, 4 et *passim*. Ce dernier mot, qui à l'origine était un nom composé[32], est très souvent employé comme adjectif dans *RC* : *Ichis prestres estoit molt preudons et molt boins clercs... [msRC = clers]* I, 10–11. La forme simple *preu* figure moins souvent : *Aliaume de Clari... estoit preus en tous besoins...* LXXV, 15–17. L'emploi relativement peu fréquent de cet adjectif vient peut-être du fait qu'il s'emploie aussi comme adverbe de quantité (= beaucoup) : *waire preu devant en l'iver* LXV, 17–18. On peut aussi considérer comme mots décrivant de bonnes qualités, les adjectifs et les adverbes suivants : *vaillans* XXII, 24 et *passim* (*vallans* I, 22 et *passim*); *hardis* XXII, 24 et *passim*; *loiaument* XII, 33; *larges* XVIII, 7 et *passim*.

A part l'adjectif *mal*[*vais*], la chronique est pratiquement dépourvue de mots pour décrire les défauts. Nous pouvons mentionner *trikeeur* XII, 17; *orguellex* XXI, 15 et *passim*; *osés* XVIII, 75. Le mot *hardi* (mentionné ci–dessus comme mot « positif ») peut parfois acquérir une signification négative : *que nus de vous ne soit si osés ne si hardis* XVIII, 74–75).

4.1.1. Mentionnons ici les substantifs abstraits qui correspondent aux adjectifs discutés ci–dessus : *proesches* I, 89 et *passim*; *hardement* I, 89 (« hardiesse »); *chevalerie* CVI, 8; *largueche* XVIII, 76 et *passim*; *orguel* CXII, 32 et *passim*; *desloiauté* LXXIV, 55–56. A l'exception de *proesches*, ces termes sont rares.

4.2. Quand Robert essaie d'exprimer un état d'esprit passager plutôt qu'une qualité morale permanente, il n'a à sa disposition qu'un petit nombre d'adjectifs, et même ceux-ci ne décrivent que d'une façon générale les sentiments et les états d'âme d'un même ordre. Ainsi, pour dépeindre la réaction de Kyrsac, pauvre, abandonné, apprenant que c'est la fin, puisque *veschi le balliu l'empereur et molt de gent avec li* (XXI, 77–78) qui sont venus le chercher pour le tuer, Robert emploie l'adjectif *esmaris* : *Li vaslés fu molt esmaris*

---

[32]*Preudons* < *preu d'homme*; *preu* < PRŌDE (*REW*, 6766). Le mot provient de la construction du type « drôle de guerre ». Une discussion très complète de cette construction a été faite par Alf Lombard, « Li fel d'anemis ». A propos de *preudons*, M. Lombard (p. 161) fait la remarque suivante : « on admet généralement que le mot *prodomie*, *prud'homme*, d'où ensuite l'adjectif *prude*, représente l'ancien français *prouz d'ome*, c'est-à-dire, qu'il provient de deux mots réunis selon les principes de notre formule syntaxique, et fondus ensuite en un seul ». Le mot est très souvent employé dans *RC* surtout comme adjectif.

(XXI, 80). Plus loin, il se sert de ce même adjectif pour noter le simple ennui des passants qui viennent d'entendre le bruit de la commotion causée par la fuite des gens du bailli après que celui-ci eut été occis par Kyrsac : *qui tot estoient esmari de le noise qu'il avoient oïe* XXII, 9–10. On peut dire que tous les adjectifs qui expriment les états d'âme sont employés de la même façon, c'est-à-dire, sans aucun degré d'exactitude. En effet, ils servent à indiquer de façon générale les dispositions ou l'humeur du spectateur plutôt qu'à faire des descriptions qui puissent nous donner une idée de l'intensité et des nuances de ses émotions. Les plus communs sont les suivants : *liés* XXX, 13 et *passim*; *dolent* LXXII, 2 et *passim*; *courchiés* LII, 65 et *passim*. On trouve un peu moins souvent *esbahi* LXXIV, 59 et *passim*; *abaubi* LXXII, 5 et *passim*; *espoenté* XLIV, 67 et *passim*; *iré* CV, 19 et *honni* LXXIV, 57.

4.2.1. Comme on pouvait s'y attendre, les substantifs abstraits qui correspondent aux adjectifs et aux adverbes mentionnés ci-dessus expriment aussi des concepts élémentaires et peu nuancés. Nous trouvons *goie* XII, 34 et *passim*; *pec* XIII, 31; *duel* IX, 6 et *passim*; *damages* CXIX, 5 et *passim*; *engaingne* C, 3; *mautalent* XXXIII, 128 (ces deux derniers mots : « dépit »); *talens* XXVI, I (« désir »); *peur* XLV, 24 et *passim* (*paour* XVIII, 61); *hisde* XLV, 25 (« épouvante »); *fianche* LXVI, 20; *honte* XXV, 83 et *passim*; *desloiautés* XXI, 30 (« crime »); *malavantures* XXI, 32 (« mauvaises actions »).

4.3. Si, comme nous venons de le voir, le vocabulaire « psychologique » de notre texte est plutôt restreint, le vocabulaire « esthétique » en est tout à fait insuffisant. Robert reste tout émerveillé en face de la splendeur de la flotte vénitienne ou de la magnificence exotique de Constantinople, mais il ne trouve pas les mots pour exprimer son émerveillement. Avant de passer en revue le petit nombre de mots dont il se sert continuellement à cet effet, rappelons-nous que le fait même que Robert parle d'émotions esthétiques prouve qu'il les a ressenties et qu'il les a jugées dignes d'êtres traitées par le chevalier qu'il est.

4.3.1. Commençons par la partie la plus concrète du vocabulaire esthétique, à savoir, par les couleurs. Robert semble ne pas les voir. Dans toutes ses descriptions des splendeurs de la ville grecque, ou de la flotte vénitienne, il ne parle, au fond, que d'une couleur : *vermeil* XIII, 23 et *passim* (*vermelles* XCVI, 14 et *passim*). Il mentionne aussi *blanc* XCVII, 7 et *passim*, et *noire* LIV, 4.

Constantinople était pourtant une ville de couleurs. Chaque église, chaque édifice public était décoré de mosaiques et de peintures. Il est vrai que Robert mentionne les mosaiques (voir, p. ex., LXXXII, 5–8) mais il semble prêter plus d'attention à la valeur de l'or qui s'y trouve qu'aux couleurs. Les autres visiteurs de Constantinople ont été fortement frappés par le grand nombre de couleurs. Ainsi, en décrivant le palais de Manuel Commène (aux Blachernes), Odon de Deuil[33], après avoir déclaré que la beauté extérieure de ce palais était presqu'incomparable et que la beauté intérieure défiait toute description, continue : « Il était peint, d'or et de couleurs variés; le pavé était un véritable tapis de marbre de toutes espèces, etc. »

4.3.2. Si peu nombreux sont les mots employés par Robert pour décrire la beauté des choses vues et pour exprimer les sentiments éprouvés, que leur seul effet, peut-on affirmer, est de signaler une émotion esthétique sans la définir ou la décrire. *Biaus* est celui qu'on trouve le plus souvent, mais parfois il ne joue aucun rôle sauf, peut-être, celui de signifier d'une façon vague et générale qu'une chose est désirable : *plus bele concorde que il peurent* CV, 22–23; *si y misent si bele pais...* XV, 5–6. Dans ces deux cas *bele* n'exprime aucune appréciation esthétique mais plutôt un jugement moral, une approbation. Il en est de même quand cet adjectif accompagne un nom propre : *mesires Pierres d'Amiens, li preus et li biaux* [*msRC = biaus*] I, 77; *mes sires Pierres d'Amiens, li biaus et li preus...* CIII, 2–3. Ici il manifeste plutôt une idée de respect pour la position sociale d'une personne. Cependant *biaus* est aussi employé pour décrire une valeur esthétique : *deus ymages... et si beles que trop* XCI, 2–4; *que ch'estoit le plus bele cose a eswarder* XIII, 34–35. Les mots *noble*, *rike*, *cointe* peuvent être considérés comme des « voisins sémantiques » de « beau ». *Noble* et *rike* sont assez fréquents, *cointe* est très rare. Comme nous l'avons déjà dit (voir ci-dessus, 2.5–2.5.1), *rike* peut qualifier une personne tandis que *noble* ne s'applique qu'à une chose[34] ou à une action : *Et estoit chis palais si rikes et si nobles* LXXXIII, 35–36; *et estoit chele capele si rike et si noble* LXXXII, 17–18; *Sainte Capele, qui si estoit rike et noble...* LXXXII, 10–11; *si i avoit unes loges molt cointes et molt nobles...* XC, 8–9; *et chevauchoit cointement et noblement comme empereres...* CVIII, 6–7, etc.

[33]*De Ludovici VII Francorum Regis cognomento Junioris profectione in Orientem*, cité d'après Janin, *Constantinople byzantine*, p. 126.
[34]Telle est aussi l'opinion de M. Gougenheim, « Le Sens de *noble* et de ses dérivés », p. 271.

Quelle est la signification de ces termes ? Nous sommes d'accord avec M. Gougenheim[35] lorsqu'il dit que la traduction en français moderne du mot *noble* serait « magnifique ». Parallèlement, nous traduirions *rike* (quand il accompagne un nom de chose) par « splendide » et *cointe* par « élégant ».

4.3.3. Les adjectifs *rikes*, *nobles*, *biaus* possèdent des substantifs abstraits correspondants (*rikeche*, *nobleche*, *biauté*), qu'on retrouve assez souvent : *on ne le vous saroit mie descrire ne aconter le grant nobleche ne le grant riqueche de chu palais* LXXXIII, 36–38; *on ne vous porroit mie aconter le grant biauté ne le grant nobleche de chele capele* LXXXII, 18–19; *que qui vous en conteroit le chentisme part de le riqueche, ne de le biauté, ne de le nobleche qui estoit es abeïes...* XCII, 39–41, etc.

4.3.4. *Noble, rike, cointe* expriment l'émerveillement de Robert en face de la flotte des croisés ou de la ville de Constantinople plutôt que la qualité précise des impressions qu'il reçoit et des émotions qu'elles font naître en son âme. Il est donc assez naturel que nous trouvions souvent les mots *merveille, merveiller, merveilleus* : *ch'estoit une fine merveille* LXXXIX, 4; *Adont fist li dux de Venice molt merveillex engiens faire et molt biaus* XLIV, 27–28; *li pelerin esgarderent... les grans merveilles qui estoient en le ville; si s'en merveillierent molt durement, et se merveillierent molt du moustier Sainte Sousphie et de le riqueche qui i estoit* LXXXIV, 1–6, etc.

4.3.5. Robert emploie très souvent les mots discutés ci-dessus pour des concepts autres qu'esthétiques. Dans les phrases du genre de *Adont fist li dux de Venice molt merveillex engiens faire et molt biaus* XLIV, 27–28, *merveillex* et *biaus* n'expriment pas l'appréciation esthétique mais plutôt l'admiration pour l'accomplissement technique. Strictement parlant *RC* ne possède pas de vocabulaire exclusivement esthétique. Les mots qui expriment souvent ces sentiments peuvent aussi servir dans d'autres domaines. La seule exception qu'on puisse y trouver est l'adverbe *natureument* employé dans les expressions *natureument formees* XC, 21 et *si bien faites et si natureument* XCI, 3 pour décrire le réalisme des sculptures (*ymages*).

4.3.6. Du point de vue du lecteur moderne, il y a, sans aucun doute, une grande faiblesse dans les descriptions de Robert de Clari. Il présente les

[35]*Ibid.*, p. 272.

détails en les accompagnant des épithètes *rike, biaus, noble*, etc. On sent bien qu'il a des yeux qui voient, qu'il a le cœur sensible, mais il ne peut trouver pour fixer nos regards ou pour toucher nos cœurs que ces trois ou quatre épithètes d'un sens très général. Il ne sait évoquer par les mots ni la variété des images ni les nuances des émotions sucitées. Pour lui, en effet, toutes les beautés sont ineffables ou presque. C'est probablement cette ineffabilité vis-à-vis les splendeurs qu'il a vues et qu'il a tâché de décrire qui lui a valu, au moins en partie, sa réputation de « simple » et de « naïf » . Un jugement pareil risque toujours de révéler un certain anachronisme chez le juge. Aucun écrivain ne peut écrire sans être influencé par la tradition littéraire de son temps, aucun n'est libre de la convention littéraire. Si on nous oppose ici que Robert n'était qu'un simple chevalier qui dictait ses réminescences aussi naturellement qu'il parlait, nous répondrons que l'étude de sa morphologie et de sa syntaxe a déjà révélé maintes traces d'influence littéraire (voir ci-dessus, les conclusions du chapitre II). Or la littérature qui précède Robert, et avec laquelle il pouvait être familier, ne possède pas non plus de descriptions vraiment supérieures à la sienne. Telle est l'opinion de M. Gsteiger qui a consacré tout une étude aux représentations des paysages chez le plus grand des prédécesseurs de notre chroniqueur, à savoir, chez Chrétien de Troyes[36]. En discutant les descriptions des châteaux et des villes (c'est-à-dire, précisément le domaine dans lequel les moyens lexicaux de Robert se montrent insuffisants) M. Gsteiger remarque l'emploi constant des adjectifs de sens général : *riche, bel, fort, bien seant*. Les murs sont toujours *hauts* et *forts*, les portes *hautes* et *lee*, etc. Pour M. Gsteiger l'explication du vocabulaire descriptif de Chrétien de Troyes réside dans le désir de celui-ci de créer non pas l'image particulière d'un château ou d'une ville, mais, au contraire, un type élémentaire, un type idéal de château ou de ville. Et ceci, selon M. Gsteiger n'est pas seulement la caractéristique de Chrétien de Troyes, mais aussi celle de ses prédécesseurs et de ses contemporains : *Die typisierenden und idealisierenden Beschreibungen von Burgen und Städten sind im gesamten ein Bestandteil des traditionellen Stils*[37]. Nons soulignons cette faiblesse de notre auteur mais sans oublier qu'il la partageait avec les meilleurs auteurs de son époque. La description qui peut être le mieux comparée avec celle de Constantinople est, selon nous, celle de Troie faite par Benoît de Sainte-Maure[38].

[36]*Die Landschaftsschilderungen in den Romanen Chrestiens de Troyes*, p. 131.
[37]*Ibid.*, p. 17.
[38]*Le Roman de Troie*, éd. Constans, I, pp. 152–161 (vv. 2993–3172).

C'est celle qui s'en approche le plus par la longueur et la richesse des détails. En dépit du fait que Benoît de Sainte-Maure est un auteur beaucoup plus ambitieux et beaucoup plus instruit que Robert de Clari, leurs descriptions ne diffèrent vraiment pas quant aux qualités. Il est vrai que Benoît dispose d'une palette plus riche que celle de Robert. Nous y trouvons *vert* (v. 3012), *blanc, inde, safrin, jaune, vermeil, pers, porprin* (vv. 3063–3064) et *azur* (v. 3071). Il est aussi vrai que Benoît mentionne plus de détails techniques comme *li fenestral ovré d'or esmeré et de cristal* (vv. 3073–3074), *les batailles et li crenel... tuit ovré a cisel* (vv. 3085–3086) ou bien *chapitel et piler que l'om ne feïst tresgeter tot d'uevre estrange et deboissiee et a cisel bien entailliee* (vv. 3075–3078). Mais malgré ce vocabulaire plus varié, malgré le nombre considérable de détails, Benoît, tout pareillement à Robert, ne nous sert que ces mêmes trois ou quatre épithètes d'un sens très général. Tout pareillement à Robert, il semble se rendre compte de la difficulté que représente la description des belles choses, car il ne trouve rien de mieux pour couronner sa description que la solution traditionnelle du cliché (vv. 3171–3172) :

Ço est la fin; nus hom vivanz
Ne vit si riches ne si granz.

4.3.7.   Quand il s'agit de dépeindre l'absence de beauté physique d'un objet ou d'une personne, le vocabulaire de Robert est encore plus limité. L'épithète la plus répandue est *lait* : *menue gent si laidement armee* XLV, 32–33; *les garchons qui les chevax gardoient, et tous les cuisiniers... estoient si lait et si hideus* XLV, 18–22. Il arrive quelquefois à *lait* de revêtir un sens moral, celui de « deshonorable, ignoble, outrageux » : *uns des uissiers l'empereur, li fist un lait fait, qu'il le feri d'unes corgies par mi le vissage, dont il eut molt grant duel* LXIV, 17–18. A part *lait* et *hisdeus* (voir le deuxième exemple ci-dessus), on trouve l'adjectif *orde* : *Je ai un camoel en maison, qui est le plus orde beste et le plus foireuse et le plus laide du siecle* XXV, 66–68. *Orible* est employé seulement au sens moral et il accompagne « péché » : *les oribles pekiés* CXII, 34. *Vilain* veut dire « innommable » dans la phrase : *et li autres ymages tendoit [se] main en un vilain lieu si disoit : « Ichi » fait li images « les boutera on »* XCI, 8–10.

5.   Avant de terminer cette étude il nous reste à mentionner une autre catégorie de mots. Il s'agit de ceux qui servent à augmenter ou à diminuer le degré d'intensité des mots qu'ils accompagnent. Leur importance réside dans

le fait qu'ils sont employés avec une fréquence remarquable. Il n'y a pas une seule page où on ne puisse en trouver quelques-uns. Leur présence constante donne un ton particulier à la chronique. Le plus important parmi ces mots-outils, c'est, sans doute, l'adverbe *molt* (*se merveillierent molt* LXXXIV, 5 et *passim*) qui est lui-même souvent renforcé par un des autres adverbes favoris de Robert, *durement* (*si s'en merveillierent molt durement* LXXXIV, 4–5 et *passim*). *Durement* peut accompagner toutes sortes d'expressions : *li marchis venoit durement* XXXIII, 58; le généreux empereur Manuel *aimoit* [*si*] *durement les Franchois*... XVIII, 14–15; les Français *assalirent durement as murs* LXXI, 6; mais les Grecs *se desfendoient molt durement* LXXIV, 16. Le superlatif de Robert est *si... que trop* qu'il emploie très souvent : *et assalirent si durement que trop* XLVI, 15; *si beles que trop* XCI, 3–4. Les termes abstraits sont presque toujours accompagnés d'adjectifs augmentatifs. Le plus commun est *grant* : *Che fu molt grand* [*msRC = grans*] *deus et molt grans damages* LXV, 48–49; *grant goie* XIII, 32; *grant feste* XIII, 50–51 et *passim*. Ce dernier est le seul qui possède un comparatif (*graindes, greigneur*) et un superlatif (*grandesme*), ce qui en renforce considérablement le pouvoir augmentatif. Le comparatif est employé plutôt en un sens concret (*la ou il veoit que li graindes assaus estoit* LXXIV, 75–76 et *li Venicien i avoient le greigneur partie* XCIX, 17–18) tandis que le superlatif accompagne surtout les noms abstraits (*et chele gent venoient grandesme aleure* CXII, 19), mais Robert parle aussi des Grecs qui lançaient *des grandesmes pierres* LXXV, 32. A part *grant*, il emploie très souvent l'adjectif *fine*, surtout avec le mot *merveille*, *que ch'estoit une fine merveille* XIII, 39–40 et *passim*, et quelquefois avec des noms abstraits : *fine povreté* XXI, 53 « extrême » . L'adjectif *pure*, *le pure honte* XXV, 82–83, joue un rôle semblable à celui de *fine*.

Conclusions du troisième chapitre

Résumons ce que nous venons de dire sur le vocabulaire de *RC*. La simplicité en est la caractéristique la plus importante. Robert ne semble pas vouloir rechercher les mots étrangers ou les mots inconnus à ses lecteurs : il prend la peine d'expliquer les termes qu'il juge incompréhensibles. Nous pensons ici aux mots tels que *Latins*, ou à la nomenclature technique et militaire.

Le vocabulaire de *RC* est adéquat dans les domaines militaire et religieux, mais il n'est pas suffisant quand il s'agit de communiquer aux lecteurs des émotions esthétiques et de les partager avec eux, ou quand il est question d'énoncer l'état d'âme des croisés.

Mais rappelons que pour ce qui est du vocabulaire esthétique, c'est-à-dire de celui qui sert à décrire les belles choses vues par l'auteur et à transmettre aux lecteurs les émotions esthétiques que la vue de ces choses a suscitées chez lui, nous ne pouvons pas trop demander, car il semble qu'en matière de beauté l'impuissance à sortir du vocabulaire stéréotypé ou la volonté de ne pas en sortir ait été une des caractéristiques de la littérature du moyen âge. Les écrivains constatent la présence de l'émotion esthétique sans être capables de la transmettre aux lecteurs. A cet égard, d'illustres prédécesseurs de notre auteur comme Chrétien de Troyes et Benoît de Sainte-Maure ne lui sont vraiment pas supérieurs. Exiger qu'un auteur du 13e siècle sache transmettre une émotion esthétique à l'occasion d'une description d'une certaine longueur semble être un anachronisme dans la critique littéraire. Il faut attendre cinq ou même six siècles pour trouver une telle maîtrise du métier littéraire en France.

Cependant, peut-être y a-t-il une autre explication à la pauvreté du vocabulaire descriptif de Robert de Clari, à savoir, le manque d'expérience esthétique du *povre chevalier*. Il n'est pas trop hardi de croire que Robert ne trouvait pas les mots pour décrire ce qu'il voyait parce qu'il ne s'était jamais trouvé en face de pareilles merveilles auparavant. Il semble que la description demande une expérience préalable, ce que Chrétien de Troyes reconnaît quand il explique dans *Yvain* que si le bouvier ne peut décrire la fontaine magique et son perron à Calogrenant, c'est qu'il n'a jamais vu chose pareille (vv. 391-392) :

> « Je ne te fai a dire quel,
> Car je n'an vi onques nul tel »

Par contre, Calogrenant, chevalier courtois, riche en expériences, peut, lui, la décrire (de façon sommaire et en employant des formules toutes faites, il est vrai). La situation de Robert, simple chevalier du petit village de Clari, est un peu celle du bouvier : il n'avait jamais rien vu de tel. Les protestations de son incapacité à décrire (voir, p. ex., XCII, 28 ss.) sont sûrement sincères.

Quant à la pauvreté du vocabulaire « psychologique », c'est-à-dire, du vocabulaire qui sert à présenter les états d'âmes individuels et collectifs, elle doit être attribuée au caractère même du chroniqueur et à son attitude vis-à-vis les événements qu'il relate.

En effet, si les traits phonétiques d'un texte dépendent entièrement du dialecte auquel l'auteur appartient (ou veut appartenir en imitant un dialecte qui n'est pas le sien), si les traits morphologiques sont aussi, dans une grande mesure, façonnés par la communauté linguistique de l'auteur, si la syntaxe permet un plus grand choix individuel, quoique très souvent (et très certainement dans le cas de Robert) conditionné par la langue littéraire du temps, c'est dans le vocabulaire que l'auteur peut exercer le choix le plus libre. C'est là que l'auteur laisse le plus l'empreinte de sa personnalité et de sa *Weltanschauung*. En effet, on peut dire que le vocabulaire, c'est l'homme. Profondément intéressé par les détails de toutes les richesses matérielles de ce monde (la flotte, les édifices, les robes impériales) et de l'autre (les objets miraculeux, et surtout, les *saintuaires*, c'est-à-dire, les reliques), Robert accepte sans trop les analyser les états d'esprit de ses compagnons et de ses supérieurs. En dictant l'histoire de la conquête de Constantinople, non pas, comme Villehardouin, pour l'expliquer ou même l'excuser, mais tout simplement pour témoigner de ce qu'il a vu, il ne s'étend pas en longueur sur l'état d'esprit des croisés, et cela peut-être parce que cet état d'esprit était bien connu des moines de Corbie auxquels cette chronique était probablement destinée. Robert ne raconte que l'essentiel : les actions militaires vécues ou celles qu'il a entendues, les anecdotes connues et surtout les merveilles vues. Il n'y a pas de place dans cet esprit pratique et avide de détails pour l'analyse psychologique des gens autour de lui, d'où un vocabulaire fondamentalement simple et concret, des épithètes très générales qui énoncent sans nuances les attitudes essentielles des croisés.

Le vocabulaire, c'est l'homme. La simplicité du vocabulaire de Robert de Clari en général, et l'insuffisance de ce vocabulaire dans les domaines esthétique et psychologique en particulier, le forcent à employer sans cesse toutes sortes d'expressions figées et toutes sortes de clichés. La répétition qui en résulte est un des traits les plus saillants de notre chronique, comme nous allons le voir dans le prochain chapitre.

CHAPITRE IV

Style

1. Jusqu'à présent aucune étude n'a été entièrement consacrée au style de Robert de Clari. Il existe néanmoins des œuvres dans lesquelles *RC* est comparée à d'autres chroniques, surtout à celle de Villehardouin. Un article de M. McNeal (traducteur anglais de *RC*) contient quelques observations sur la narration dans *RC* et dans la chronique de Villehardouin[1]. La comparaison linguistique et stylistique entre Villehardouin et Robert de Clari fait aussi le sujet d'une thèse de doctorat de l'Université de Londres soutenue par P. J. Penwarden. Cette thèse nous est malheureusement inaccessible. Récemment M. Schon a publié une étude consacrée au style de l'ancienne prose française où il compare les chroniques de Robert de Clari, de Villehardouin et de Henri de Valenciennes[2]. L'ouvrage de M. Schon a donc une portée plus grande que le nôtre, car il tâche d'établir l'origine et le caractère de la prose française naissante. M. Schon emploie le terme « style » dans un sens beaucoup plus large que nous : il ne fait pas de distinction entre l'analyse linguistique et l'analyse stylistique. Les résultats de la comparaison sont assez intéressants mais, généralement parlant, on pourrait parvenir aux mêmes résultats en étudiant les buts et les circonstances dans lesquels ces chroniques ont été écrites, sans entrer dans des considérations proprement stylistiques. Dans la deuxième partie du livre M. Schon discute les caractéristiques stylistiques communes aux trois chroniqueurs. C'est là que se trouve la discussion de quelques problèmes qui vont être présentés dans notre chapitre. Nous pensons surtout aux répétitions dites synonymiques et au discours direct.

Dans des œuvres plus générales ainsi que dans les introductions aux éditions ou aux traductions de *RC* se trouvent quelques observations sur la « langue » ou le « style » de la chronique, car ces deux termes sont très souvent pris l'un

---

[1] « Chronicle and Conte » .

[2] *Studien zum Stil der frühen französischen Prosa.* (Voir notre « Le c.-r. de P. M. Schon »).

pour l'autre. Ainsi Gröber déclare que Robert « neigt in seiner durchsichtigen Sprache zum Formelhaften[3] »; tandis que Gaston Paris croit que « Son style [de Robert] est moins plein et moins nerveux que celui du maréchal de Champagne, mais il est facile, vivant, et parfois pittoresque et son livre lui fait honneur[4] »; Lanson souligne la naïveté de notre auteur : « tout émerveillé de ce qu'il voit... [Robert nous met] au fait de toutes ses remarques avec une vivacité d'enfant[5] » . Parfois ces indications sont en contradiction directe l'une avec l'autre. Ainsi Mme Crosland déclare, « Robert's language may not be elegant but his narrative style is clear and concise[6] »; mais Pauphilet opine, « Peut-être regrettera-t-on parfois, en le lisant, qu'il n'ait pas eu dans son style plus de concision, plus de rapidité, plus de variété. Mais serait-il un aussi bon représentant de son espèce, sans cette progression pas à pas, et cette tolérance illimitée de la répétition[7] ? »

D'autres critiques tâchent de résumer la façon d'écrire de Robert en insistant sur son « style parlé » . Ainsi Philippe Lauer (RC, p. xi) observe : « Tout cela nous est conté en une langue savoureuse, qui suit, un peu lentement parfois, les contours d'une pensée claire et simple, mêlée d'impressions personnelles et d'émotions souvent vives... Ce qui est frappant, c'est l'allure vive du récit, un récit parlé, qui rappelle en plus d'un point les parties en prose d'*Aucassin et Nicolette*, et qui peut, à l'occasion, s'élever au lyrique ou au dramatique. » Pierre Charlot parle aussi du « style parlé... auquel les lourdeurs et les innombrables répétitions, loin d'ôter toute saveur, paraissent même ajouter une certaine densité, qu'un extraordinaire « si », assez semblable au « so » allemand, dote d'une sorte de bondissement, de musculature solide, sinon variée...[8] » . Le même caractère « parlé » est souligné par M. McNeal : « Of the three [Villehardouin, Ernoul, Robert de Clari], Robert's chronicle is the simplest and most naïve in its style and diction. Thus the narrative method is the closest to that of the oral taste[9] » .

Les termes « récit parlé », « style parlé » ou même « goût oral » décrivent-ils mieux (en dépit de leur caractère « objectif » apparent) la prose de Robert

[3]*Grundriss der romanischen Philologie*, p. 723.
[4]*La Littérature française au moyen âge*, p. 138.
[5]*Histoire de la littérature française*, p. 56.
[6]*Medieval French Literature*, p. 215.
[7]Voir Robert de Clari éd. Pauphilet, p. 15.
[8]Voir Robert de Clari éd. Charlot, p. iv.
[9]Voir Robert de Clari éd. McNeal, p. 25.

que les termes plus franchement subjectifs tels que « langue limpide », « style plein », « vivacité d'enfant », « concision » ou « manque de concision » ? Il nous semble que non. Il y a, en effet, des passages dans *RC* qui donnent *l'impression* d'appartenir à ce qu'on peut appeler le style « parlé », c'est-à-dire, qu'ils font penser à un conteur qui raconte une simple anecdote, mais il y a aussi des passages qui n'appartiennent certainement pas à ce « style parlé » . Ces termes proviennent souvent, sans doute, d'impressions subies à la suite de la lecture de fragments de *RC*, et dans ce cas une impression de « limpidité », de « plénitude », de « vivacité » ou de « caractère parlé » serait probablement plus justifiée.

Il est clair que les opinions citées ci-dessus ne peuvent servir de guide à l'analyse littéraire de Robert : même lorsqu'elles ne se contredisent pas directement, les termes critiques qu'elles emploient sont trop divers, elles manquent de netteté, elles présentent un caractère foncièrement subjectif et parfois même métaphorique. Ces critiques ne parlent pas directement des moyens d'expression dont se sert le chroniqueur mais ils tâchent plutôt de résumer dans une formule frappante l'état d'esprit suscité chez eux par la lecture de *RC* (ou de quelques parties de *RC*).

Pour ne pas répéter les efforts de ces critiques nous croyons nécessaire de faire une distinction aussi nette que possible entre les jugements personnels et subjectifs et ceux qui proviennent d'une analyse linguistique objective. Cela ne veut pas dire que nous soyons opposé à tout jugement critique personnel et subjectif. Le croire serait nier la valeur de toute une partie de la critique littéraire. Ce que nous voulons éviter ici c'est un mélange de jugements, mélange qui résulte de l'application à la fois de critères linguistiques objectifs et de réactions personnelles, bref un mélange de critères linguistiques et métalinguistiques. Pour en arriver à cette distinction nous avons d'abord, quand c'était possible, gardé nos jugements les plus personnels pour les Conclusions générales, et ensuite, ce qui est plus important, nous avons limité le domaine compris par le terme « style » .

1.1. Par le mot « style » nous ne comprenons ni la somme des sentiments suscités chez nous par la lecture de *RC*, ni la somme des caractéristiques de la langue qui seraient propres à Robert. Pour ce qui est du premier point d'autres critiques l'ont déjà traité de façon plus éloquente que nous ne serions capable de le faire; pour ce qui est du deuxième point, nous sommes persuadé qu'il est impossible de le traiter dans l'état présent des connaissances de l'ancienne prose française. Contraster un « idialecte » avec un « dialecte » c'est une tâche déjà très difficile pour les œuvres modernes où ce « dialecte », le français moderne, est une langue très bien définie, codifiée et connue par le critique. Le faire pour le picard de 1200 est tout à fait impossible. C'est pourquoi notre définition de « style » sera plus serrée. Par le mot style nous comprenons les éléments de la langue qui ajoutent à un message donné une mise en relief sans qu'il y ait un changement du contenu intellectuel de ce message. Le style pour nous c'est donc l'élément affectif de la langue. Cette définition correspond plus ou moins à celle de M. Riffaterre : « Style is understood as an emphasis (expressive, affective or aesthetic) added to the information conveyed by the linguistic structure, without alteration of meaning. Which is to say that the language expresses and the style stresses[10]. » Le choix des moyens de mise en relief à même le fonds commun de la langue se fait très souvent consciemment, car l'auteur doit non seulement communiquer les faits, mais aussi souligner ceux qu'il considère comme les plus importants; de plus, il doit toujours lutter contre la distraction et l'incompréhension des lecteurs ou des auditeurs qui sont incapables de retenir tous les détails dont l'auteur compose son récit. Mais il y a aussi des cas où ce choix est le résultat d'habitudes inconscientes, car chaque œuvre possède des effets qui n'ont pas été recherchés. Il est impossible de distinguer clairement entre le choix conscient et inconscient sans entrer dans la zone incertaine de l'impressionisme. La véritable difficulté consiste à établir et à maintenir une ligne de démarcation entre l'analyse linguistique et l'analyse stylistique. Cette délimitation, déjà difficile dans le cas du français moderne[11], l'est d'autant plus dans le cas de la langue de RC. Ainsi nous nous rendons bien compte que quelques éléments discutés dans les chapitres précédents auraient pu, à certains points de vue, être considérés comme appartenant au domaine stylistique plutôt que linguistique, c'est-à-dire, qu'ils ont été choisis par Robert en vue de mettre en relief plutôt qu'en vue de simplement communiquer. L'état actuel de nos connaissances de la langue picarde des environs de 1200 n'est pas suffisamment approfondi pour nous permettre de distinguer *systématiquement* entre le fonds commun de la langue picarde de ce temps et les éléments de la langue qui servent à ajouter à la communication un certain

[10] « Criteria for Style Analysis », p. 155.

[11]*Ibid.*, pp. 154-174, où M. Riffaterre s'efforce d'établir un *système* de critères qui pourrait servir à délimiter l'analyse stylistique de l'analyse linguistique. Voir aussi « Problèmes du style littéraire », par le même auteur.

degré de mise en relief. Cependant, si nous sommes incapable d'établir un *système complet* de valeurs normatives qui puisse servir à déterminer les caractéristiques stylistiques de *RC*, nous nous réservons quand même le droit de discuter certains phénomènes qui, croyons-nous, appartiennent au domaine stylistique, et comme tels, n'ont pas été traités dans les chapitres précédents.

La discussion de ces procédés ressemblera, peut-être, à une étude de l'ancienne rhétorique. Notre méthode est en effet très proche de l'analyse rhétorique avec cette différence que là où une étude des procédés rhétoriques se contente de relever telle ou telle « figure » et poursuit en dressant un catalogue aussi complet que possible de ces « figures », nous voulons, quand c'est possible, préciser le rôle stylistique des procédés discutés.

Devant l'impossibilité de comparer la prose de *RC* à une « norme » linguistique comme on peut, jusqu'à un certain point, le faire dans le cas d'un écrivain moderne, nous allons, pour mettre en relief certaines caractéristiques du style de *RC*, avoir recours non pas à la « norme » picarde du 13e siècle, puisqu'elle est irrétraçable, mais à une « idée générale » de la prose française. Nous prenons conscience de la « prose idéale » par l'étude de textes divers, au cours de laquelle nous acquérons un sens général de la langue, sens imparfait, incomplet, mais qui peut et qui doit nous servir de norme, norme à partir de laquelle nous pouvons signaler les conformités et, surtout, les écarts. Ce serait un « péché mortel » de critique si nous tirions des jugements de valeur d'une telle comparaison. Mais puisqu'elle ne servira qu'à mettre en relief les caractéristiques du style de *RC*, c'est-à-dire, à établir des critères d'existence, elle nous semble justifiée. Cette notion de « prose idéale » servira surtout à la discussion des « absences » dans *RC*. Sans elle la discussion en serait sinon impossible, du moins absurde.

2. La caractéristique la plus importante du style de *RC* est la répétition; son importance vient surtout du fait qu'elle est très fréquente. Nous sommes persuadé que dans la plupart des cas, elle constitue un procédé linguistique ayant pour but de mettre en relief une partie du message linguistique.

Par répétition nous entendons exclusivement l'occurrence répétée du même élément dans un même « voisinage » (ou plus exactement dans un même « microcontexte » pour employer la terminologie de M. Riffaterre[12]). Le lecteur se rendra compte que le vocabulaire limité de Robert, ainsi que

[12] «Stylistic Context », pp. 209–218 (surtout 2.1–2.2).

son penchant pour certains clichés, donne un caractère généralement répé-
titif à toute l'œuvre. Ainsi, nous rencontrons partout des expressions comme
tant... que trop LXXXII, 3–4; *fine merveille* LXXXI, 9; *si ne fait mais el* XX, 15;
ensi faitement LXXXI, 24; *qui miex miex* LXXVI, 25; *vausist ou ne dengnast* LXXVI,
8–9; etc. L'emploi répété de ces expressions crée, en effet, une impression
générale de monotonie et de pauvreté des moyens d'expression, mais ces
expressions ne tombent pas pour autant dans la catégorie des procédés
stylistiques de la répétition, car, selon notre définition même du style, les
procédés stylistiques peuvent être discernés surtout à cause de leur contraste
avec le contexte immédiat. (On ne peut pas parler d'une mise en relief
ajoutée à un message sans penser à ce message même.)

2.1.   Un cas frappant de répétition est l'emploi itératif de certains mots que
l'auteur met ainsi en relief. RC possède quelques bons exemples d'anaphore.
En voilà trois dans lesquels Robert répète respectivement *a*) l'adverbe,
b) le verbe, *c*) l'adjectif :

a) *Ensi si fu li marchis rois, PUIS en eut il une fille, et PUIS fu li marchis ochis
de Haussassis, PUIS si prist on le roine, si le donna on au conte Henri de Cham-
pangne, Et PUIS aprés si assist on Acre et si le prist on* XXXVIII, 6–10.

b) *Dedens chele capele, si TROVA ON de molt rikes saintuaires, que ON i
TROVA deux pieches de le Vraie Crois aussi groses comme le gambe a un homme
et aussi longes comme demie toise, et si i TROVA ON le fer de le lanche dont
Nostre Sires eut le costé perchié, et les deux cleus qu'il eut fichiés par mi les mains
et par mi les piés; et si TROVA ON en une fiole de cristal grant partie de sen
sanc; et si i TROVA ON le tunike qu'il avoit vestue, que on li despoulla quant on
l'eut mené au mont de Cauvaire; et si i TROVA ON le beneoite corone dont il fu
coronés, qui estoit de joins marins aussi pougnans comme fers d'alesnes. Et si i
TROVA ON de le vesteure Nostre Dame, et le kief monseigneur saint Jehan
Baptistre, et tant d'autres rikes saintuaires illuec, ne le vous porroie mie aconter ne
dire le verité* LXXXII, 19–35.

c) *En chel palais de Blakerne trouva on molt grant tresor et molt RIKE, que on
i trova les RIKES corones qui avoient esté as empereeurs qui par devant i furent,
et les RIQUES joiaus d'or, et les RIKES dras de soie a or, et les RIKES robes
emperiaus et les RIQUES pierres precieuses, et tant d'autres RIQUECHES que
on ne saroit mie nombrer...* LXXXIII, 38–44.

L'emploi de l'adverbe *puis* et du verbe *trova on* représentent sans doute de
véritables cas d'anaphore, c'est-à-dire, de répétition d'un mot au commence-

ment de phrases successives, pour produire un rehaussement de l'effet voulu. Ces répétitions jouent un rôle stylistique. La répétition de *puis* souligne le grand nombre d'événements politiques et attire l'attention du lecteur sur la succession rapide de ces événements, rehaussant ainsi le drame des croisés. Celle de *trova on* met en relief la variété et le grand nombre des découvertes faites par les croisés. Celle de *rike* met en relief de la façon la plus directe qui soit, l'idée centrale du passage, à savoir, celle de richesse.

Les répétitions de la sorte sont assez fréquentes dans *RC*. Les exemples cités ci-dessus représentent néanmoins des cas où le mot a été répété plus souvent qu'en général. Redisons qu'il est impossible de juger si les procédés de ce genre sont intentionnels ou s'ils résultent de la pauvreté du vocabulaire (ou d'autres limitations intellectuelles) de l'auteur. On ne peut discerner entre les procédés voulus et non-voulus sans devenir impressioniste.

2.2.   Du point de vue stylistique beaucoup plus importante est la répétition, non pas du même mot, mais la réduplication de ce mot par un synonyme (ou presque synonyme), ou bien, par un antonyme (ou presque antonyme). Cet usage est très répandu dans *RC* et dans la littérature médiévale en général[13]. *RC* présente un nombre beaucoup plus grand de constructions à synonymes que de constructions à antonymes. Commençons donc par les constructions à synonymes. Cette façon de mettre en relief est un des traits les plus caractéristiques du style de *RC*. Comme nous allons le voir plus loin, les constructions composées de deux synonymes ordinairement joints par les

[13]Les constructions « binômes » étaient bien connues au moyen âge. Silvio Pellegrini, « Iterazioni sinonimiche nella *Canzone di Rolando* », dresse une longue liste de celles qui figurent dans la *Chanson de Roland*. Selon Pellegrini (pp. 156-157) l'usage des expressions du type *sōlus ac solitarius*, remonte à la rhétorique latine, mais leur emploi fréquent ne date que du temps du latin médiéval : « Apare elemento costitutivo del diffusissimo stile detto isidoriano e sembra legata alle pratiche amplificative del dire raccomandate dalle retoriche medioevali. » Telle est aussi l'opinion d'Edmond Faral, *Recherches sur les sources latines*, pp. 107-108, et d'Ernst Robert Curtius, *Europäische Literatur*, pp. 485-486. La popularité de cette forme de répétition en français du moyen âge est démontrée par E. Lommatzsch qui, dans l'introduction à *T.-L.* (I, pp. xiii-xiv), en cite plusieurs types : alitérées (*bien et bel*), rimées (*foi et loi*), tautologiques (*dire et conter*) et antithétique (*ne droit ne tort*). Pour l'emploi des redoublements synonymiques dans les romans du 12e siècle, voir le chapitre intitulé « Tautologie » pp. 40-43 dans Biller, *Etudes*. On peut trouver une discussion des doublets antonymiques du type *ça et là* et *dormant veillant* dans Adolf Tobler, « Asyndetische Paarung von Gegensätzen » .

conjonctions *et* ou *ne* (parfois *si* dans le cas des verbes) font partie d'un phénomène très répandu et que M. Y. Malkiel appelle très justement le phénomène des « irreversible binomials[14] ». Des exemples de ce type spécial de redoublement peuvent être trouvés à peu près à chaque page de *RC*. Robert redouble ainsi les adjectifs, quelquefois les adverbes, les noms et les verbes.

2.2.1. Les adjectifs fournissent le plus grand nombre de redoublements de synonymes. Ainsi, nous trouvons, des gens : *sages... et preudons* I, 28–29; *vaillans et preus* I, 68–69; *vaillans et hardis* XXII, 24; *preus et biaux* [*msRC* = *biaus*] I, 77; *haut... et... rike* XIX, 16; *gentix... et... haus* XCV, 22–23; *boins... et pourfis* XCIV, 36; *lait et... hideus* XLV, 22; *malvais et... trikeeur* XII, 16–17; *molt dolent et molt esmari* XII, 2–3; *molt corchié et molt dolent* LXXII, 2; *si... corchié et si tormenté* CIV, 2; une terre ou une ville : *rike... et... plentive* XVII, 3–4; *mout boine et molt plentiive* XIII, 12–13; et des bâtiments : *rikes et nobles* LXXXIII, 35–36; *molt cointes et molt nobles* XC, 9; *fors et... desfensauvles* LXIII, 5; etc.

Comme les adverbes sont beaucoup moins nombreux que les adjectifs dans *RC* il n'est pas surprenant qu'on ne retrouve que très peu d'adverbes redoublés. On voyage dans *RC* : *cointement et noblement* CVIII, 6–7; *rikement... noblement* XIX, 9.

2.2.2. Dans la catégorie des substantifs les mots les plus souvent redoublés sont ceux qui désignent des qualités abstraites. On trouve partout dans *RC* des « doublets » : *de pec et de le grant goie* XIII, 31–32; *hardement et... proesches* I, 89; [*qui plus y fisent*] *d'armes et de proesches* I, 91–92; *molt grant barnage et molt grant proeche* LII, 38–39; *grant peur et grant doute* XCV, 12; *grand* [*msRC* = *grant*] *peur et grant hisde* XLV, 33–34; *grant goie et grant feste* XIII, 50–51; *molt grans damages et mout grans pitiés* CXIX, 5–6; *molt grant* [*msRC* = *grans*] *damaches et molt grans deus* CIII, 1–2; *molt grant engaingne et molt grant duel* C, 3; *grant biauté grant nobleche* LXXXII, 18–19; *le nobleche ne le rikeche* LXXXVII, 6; *par cointise et par nobleche* CXVII, 10; *pour ches aventures et pour ches perix* LXXVIII, 39–40.

Quoique ces constructions appartiennent surtout au vocabulaire abstrait, car les synonymes (ou les synonymes approximatifs) désignent des qualités ou des sentiments, on les retrouve aussi dans un domaine moins abstrait.

[14] « Studies in Irreversible Binomials » .

Ainsi les titres féodaux se trouvent souvent en paires : *sires et demisiaus* LIV, 8–9; *sires et rois* CX, 10; *sires et empereres* LXXIX, 13; *kievetaine et seigneur* III, 6. La collectivité des chefs de la croisade est souvent appelée *li conte et li haut baron* II, 1–2, ou *li conte et li haut homme* CVII, 25–26, etc. Mais ce n'est que rarement qu'une telle construction appartient au vocabulaire tout à fait concret. En voici pourtant quelques exemples : *Ne borde ne maison* LXV, 13; *leur estoire et leur oirre* XL, 2–3; *d'or et d'argent* LXVIII, 18; *li orages et le tormente* XXV, 5; *une si grant tormente... et une si grant tempeste* XXV, 2–3; *coustiaus et misericordes*[15] LXVI, 45, etc.

2.2.3. Si le redoublement des adjectifs et des noms abstraits est fréquent, le redoublement des verbes synonymes est rare. Néanmoins, on peut citer les cas suivants : *nombrer ne aconter* XCII, 38–39; *aconter ne dire* LXXXII, 35; *descrire ne aconter* LXXXIII, 36–37; *por oïr et pour escouter* XCV, 10; *warder et muser* XCII, 20; *veoient et aperchevoient* XCII, 14–15; *buskier et... ferir* LXXVIII, 7–8; *demanderent et enquisent* LII, 5; *mandoient et prioient* III, 12–13; *a hounir et a blasmer* LXVII, 2–3; *acola... et baisa* LII, 20; *le bienviengna et le salua* XXXIII, 30–31; *a huer et a escrier* LXXI, 20, etc.

A part la fonction purement stylistique de ces redoublements verbaux, c'est-à-dire, la mise en relief des actions présentées, remarquons aussi un effet d'analyse plus évident dans les verbes que dans les substantifs. Les actions sont mieux définies grâce à ces doublets : « on dit » comment ? « en criant »; « on mande » comment ? « en priant »; « on regarde (*warde*) » comment ? « le museau levé (?) », etc.

En plus des exemples cités ci-dessus il y a deux autres types de redoublement verbal : ce sont les formules qui servent à introduire le discours direct, et celles qui attirent l'attention sur la durée d'un voyage. Les premières sont assez fréquentes : *parla... et... dist* XLI, 14; *respondi, si dist* XXI, 70[16]. Les deu-

---

[15]C'est un cas douteux car pour Robert la distinction entre « couteau » et « misericorde » était peut-être si grande qu'il ne considérait pas du tout ces deux mots comme synonymes.

[16]Remarquons que la Bible latine abonde en expressions de ce type : « LOQUE-BATUR Jesus principibus sacerdotum et Pharisaeis in parabolis DICENS » (Mt 22), ou « APERIENS Petrus os suum, DIXIT » (Act 10) ou bien « Exibant autem daemonia a multis CLAMANTIA, et DICENTIA » (Lc 4), etc. Souvent ce ne sont pas de véritables redoublements synonymiques, puisque les membres n'en appartiennent pas à la même catégorie morphologique, mais il se peut que ces constructions aient pu influencer la création des expressions du type *respondi et dist.*

xièmes sont généralement construites de deux membres, *tant alerent qu'il vinrent* XL, 3–4; mais parfois on trouve une élaboration de cette simple formule, *De la si se resmurent, et singlerent tant... que il vinrent...* XL, 7–10. Le développement le plus poussé de la formule se trouve dans la phrase qui décrit le voyage de la fille du roi de France, Philippe-Auguste : *et chevauchierent tant et errerent qu'il ne cesserent, si vinrent en Coustantinoble* XX, 3–5.

2.2.4. Les expressions discutées ci-dessus constituent un certain type appartenant à la famille beaucoup plus large des constructions à redoublement. Une discussion assez complète de ce phénomène est présentée par M. Y. Malkiel dans son étude sur les « irreversible binomials ». Le phénomène qui consiste à joindre deux (parfois trois, ou même plus) mots qui appartiennent au même type morphologique et qui créent, ainsi associés, une unité sémantique, apparaît dans un grand nombre de langues. Ce qui est particulièrement curieux, c'est leur « irréversibilité », c'est-à-dire, l'impossibilité de les exprimer dans un ordre autre que l'ordre usuel — « à mesure et au fur » serait sans doute incompréhensible. Dans *RC* la plupart des constructions sont « réversibles[17] », ce qui fait penser que la majorité de ces doublets ne constituaient pas, à l'époque de Robert, des clichés figés mais que, en toute probabilité, Robert les a créées par analogie à des constructions du genre qui existaient déjà dans la langue. Il y a quand même des constructions où l'ordre semble être fixe : l'adjectif *rike* précède toujours *noble* (*noblement*) (XIX, 9; LXXXII, 10–11; LXXXII, 17–18; LXXXIII, 35–36; LXXXV, 26; LXXXVII, 3–4; XCII, 53; XCVI, 24–25; CXVII, 2). De même l'expression adverbiale *amont et aval* est absolument « irréversible » (XXII, 17, 45–46; XXV, 25; XXXIII, 123–124; XLII, 23; LXVI, 83–84), et comme telle doit être considérée comme un cliché déjà fixe.

Nous tenons à souligner que les redoublements de synonymes sont un des moyens stylistiques de mise en relief les plus typiques de Robert. Excepté dans le cas des verbes, la majorité de ces expressions sont composées de mots abstraits. Il semble donc que c'est précisément dans un domaine assez pauvre

---

[17]Mais on peut y découvrir certaines préférences d'ordre : ainsi *nobleche* suit quatre fois son synonyme (LXXXII, 18–19; LXXXVII, 5; XCII, 40–41; CXVII, 10) et le précède deux fois (LXXXIII, 37 et LXXXVII, 6); *goie* suit trois fois son synonyme (XIII, 31–32; XX, 6–7; LII, 8–9) et le précède six fois (XIII, 50–51; LII, 15; LXVI, 61–62; LXVI, 72; XCVI, 4–5); *preudons* précède ses synonymes quatre fois (I, 10–11; I, 22–23; XLVII, 4; XCIII, 11–12) et ne suit qu'une seule fois (I, 28–29).

en moyens lexicaux (au-dessus, chap. III, 4.1 ss.) que Robert éprouve le besoin d'enrichir son style, c'est-à-dire, d'augmenter sa faculté de mettre en relief les images ou les pensées abstraites qu'il tient à nous communiquer; il le fait par le redoublement de mots qui, déjà assez expressifs lorsqu'ils sont employés isolément, deviennent, juxtaposés, puisqu'il n'y a pas de synonymie parfaite, encore plus expressifs. Leur association offre à la fois des connotations plus riches, une analyse plus détaillée, et probablement, une phrase plus sonore.

2.2.5. Les constructions à trois éléments synonymiques sont beaucoup plus rares que celles à deux. Nous en avons quand même trouvé *si en furent molt dolent et molt corchié et molt esmari* III, 3–4. Un cas intéressant est à noter dans la phrase *car nus hons terriens, qui tant eust mes en le chité, ne le vous porroit nombrer ne aconter, que qui vous en conteroit le chentisme part de le riqueche, ne de le biauté, ne de le nobleche qui estoit es abeïes et es moustiers et es palais...* XCII, 37–42. C'est sans doute l'excitation qui a fait choisir à Robert le groupe de trois membres au lieu du groupe plus usuel de deux. (Remarquons que l'équilibre « naturel » exige que le groupe *riqueche-biauté-nobleche* soit suivi des trois substantifs *abeïes-moustiers-palais*.) A part cet exemple, nous trouvons quelques substantifs accompagnés de trois adjectifs : *li biax chevaliers et li preus et li vaillans* I, 34; *li preus chevaliers et li hardis et li vaillans* I, 56, où un des adjectifs précède le nom et les deux autres le suivent.

2.2.6. Passons maintenant aux constructions à antonymes totaux ou partiels. Si les redoublements synonymiques servent surtout à mettre en relief des notions abstraites, les redoublements antonymiques tendent au contraire à souligner des notions plutôt concrètes. Ainsi, au lieu de la locution « tout le monde » ou du pronom « tous », Robert se sert d'un redoublement ou d'une série de redoublements : *en paienisme ne en crestienté*, XC, 22; [*boine gent*] *a cheval et a pié* I, 93; *n'a povre n'a rike* LXXX, 31–32; *et haus et bas* LXXV, 21; (pour exprimer l'idée de *menue gent*, ce dernier adjectif n'est pas employé ailleurs que dans ce groupe binominal); *et clerc et lai et petit et grant* XIII, 26; *des haus, des bas, de povres, de riches* XCII, 34–35. Ces redoublements antonymiques représentent dans la plupart des cas des clichés irréversibles. Sont certainement irréversibles les adverbes *amont et aval* XLI, 23 et *ne peu ne grant* LXXXV, 50–51; *a destre et a senestre* XXXIII, 66–67; *ne devant ne après* LXXXI, 13. Mais parfois Robert obtient des effets stylistiques très puissants. Notons l'expressivité de *Assés y eut peres et meres, sereurs et freres, femmes et enfans, qui grant duel fisent de leurs amis* IX, 5–7, même si cette phrase semble appartenir à la catégorie des formules consacrées pour exprimer la douleur du départ. Plus original est « *Qui ?* » *fisent li chevalier et li joule bacheler de l'ost*, « *nostre avoir avés vous parti, dont nous avons souffert les grans paines et les grans travaus, les fains et les sois et les frois et les caus, si l'avés parti sans nous ?* » CV, 11–15. Cette série de doublets qui commence par un groupe de deux synonymes suivi de trois groupes d'antonymes possède un grand pouvoir émotif. C'est probablement une des phrases les plus expressives de *RC*.

2.3. Les expressions redoublées, on s'en souvient, font partie d'un procédé stylistique plus répandu, à savoir, la répétition. A part celles discutées ci-dessus, nous distinguons dans *RC* trois autres types de répétition qui reviennent souvent : *a)* répétition de tout un passage (2.3.1), *b)* répétition pour éviter une abstraction (2.3.2), *c)* répétition d'une expression ou d'un mot récemment découvert par Robert (2.3.4).

2.3.1. Commençons par le premier type. Nous trouvons des répétitions de passages entiers que nous pourrions comparer aux laisses similaires dans les chansons de geste. Un bon exemple de cette « laisse similaire » est à noter dans le chapite où les croisés *molt abaubi* doutent de la justice de leur cause contre les Grecs et voient dans leur impuissance à prendre Constantinople l'intervention de la justice divine : *tant que li vesque et li clerc de l'ost parlerent ensanle, et jugierent que le bataille estoit droituriere et que les devoit* [on][18] *bien assalir, car anchienement avoient esté chil de le chité obedient a le loi de Rome, et ore en estoient inobedient, quant il disoient que li lois de Romme ne valoit nient, et disoient que tout chil qui i crooient estoient chien; et disent li vesque que par tant les devoit on bien assalir et que che n'estoit mie pechiés, ains estoit grans aumosnes* LXXII, 7–16. Au lieu de dire tout simplement « le clergé fit ainsi », Robert élabore de nouveau, dans le chapitre suivant, tous les arguments politico-théologiques qui prouvent que la cause de l'armée franco-vénitienne est *droituriere*. Il le fait en citant les sermons (voir LXXIII, 3–16). L'exemple suivant est encore plus frappant : il s'agit des conseils stratégiques qu'un des chefs de la marine génoise donne au marquis de Montferrat. Ces conseils sont donnés sous forme de discours direct et les verbes sont au futur : « *Jel*

---

[18]*RC* ainsi que *msRC* donnent *devoit*. Jeanroy, « Corrections », p. 392, suggère avec justesse la correction de *devoit* en *devoit on*, ou bien en *devoient*.

vous dirai », *fist chis; « nous avons chaiens en ceste vile nes et galies et barges et autres vaissiax, si vous dirai que je ferai. Je prendrai quatre galies avec mi, si les ferai armer de le plus aidant gent que nous arons; si me meterai ains jour en mer, ausi com je m'en vausisse fuir. Et si tost comme li Sarrasin m'apercheveront si n'aront loisir d'aus armer, ains aront si grant haste de moi ataindre et de moi cachier qu'il ne s'armeront nient; ains destendront trestout après mi, et vous arés trestous vos autres waissiaus et barges et galies molt bien fait warnir de le plus aidant gent que vous arés, et quant vous vesrés que eles seront toutes destendues après mi, et eles seront bien lanchies avant, adont si bescochiés trestous vos vaissiaus et destendés après, et je retornerai arriere; si nous combaterons a aus. Ensi si nous envoiera Diex consel, se li plaist !* » XXXVI, 14–31. Robert nous informe ensuite qu'en effet le plan génois a été adopté et exécuté : *A chest consel si s'acorderent tout, si firent tot ensi comme chis eut devisé* XXXVI, 31–32. Mais il ne s'arrête pas là : le chapitre suivant nous apporte une répétition de ce que nous savons déjà, c'est-à-dire, de la bataille navale, cette fois sous forme de description, en discours indirect au passé défini, ou parfois au présent, qui équivaut au passé défini dans le discours indirect. Nous observons le même type de répétition dans le passage où le doge Henri Dandolo conseille aux croisés une manœuvre non pas de stratégie, cette fois, mais de propagande : *« Seigneur, je loieroie bien que on presist dis galies et que on mesist le vaslet en une et gens avec lui, et qu'il alaissent par trives au rivage de Coustantinoble, et qu'il demandaissent a chiaus de le chité s'il vausissent le vaslet reconnoistre a seigneur »* XLI, 14–19. Comme dans l'exemple précédent, le plan est arrêté : *Et li haut homme respondirent que che ne seroit se bien non* XLI, 19–20. Robert répète néanmoins tout le passage quelques lignes plus loin (XLI, 20–25).

Les répétitions de la sorte sont caractéristiques du style de la chanson de geste. Dans la *Chanson de Roland*, on lit une énumération des cadeaux préparés par le messager des païens, Blancandrin (vv. 122–136), laquelle est répétée (avec les conditions attachées à l'acceptation des cadeaux) par Charlemagne (vv. 180–191). L'exemple le plus frappant et le plus élaboré d'une telle répétition figure dans la *Chanson de Guillaume*. Le message de Vivien (vv. 635–688) est répété à Guillaume par Girard (vv. 960–1002) avec un parallélisme émouvant de questions rhétoriques (*Sez que dirras a Willame le fedeil ?* v. 655; *Sez que te mande Vivien tun fedeil ?* v. 978, etc.).

Ces types particuliers de « laisses similaires » consistent donc à rapporter le même fait sous deux aspects différents. Ainsi, on voit un événement présenté d'abord comme un projet et ensuite répété comme une action accomplie, ou bien, on nous présente un message à livrer et le message livré, etc. Nous constatons donc qu'ici, il ne s'agit pas seulement de répétitions accompagnées de variations occasionnelles dans les détails, mais de répétitions variées par le changement du point de vue sous lequel le même fait est présenté. Cette dernière sorte de variation fournit, pour ainsi dire, une justification de la répétition.

Il est probable que l'emploi de ces répétitions dans *RC* est dû à l'influence des chansons de geste. Une fois de plus, nous serions temoins de l'influence littéraire subie non par un lettré, mais par le simple chevalier dans son simple récit. Remarquons autre chose dans *RC* : les répétitions de ce type ont lieu quand les faits exigent une mise en relief : ce sont les événements historiques censés être importants qui sont ainsi marqués[19].

2.3.2.   La majorité des répétitions qu'il nous reste à discuter proviennent de la nécessité d'être clair. C'est, à coup sûr, pour cette raison que Robert emploie deux fois un mot à sens concret au lieu d'employer un mot abstrait. Cette *horror abstractionis* se manifeste de plusieurs façons.

La plus simple consiste à répéter le nom au lieu de le remplacer par un pronom. Nous trouvons ainsi sept fois le mot *roiaumes* dans un passage de quatorze lignes : *Aprés mesires Henris, li freres l'empereeur, demanda le ROIAUME l'Andremite, qui estoit outre le brach Saint Jorge, s'il le pooit conquerre, et on li donna. Adonques i ala mesires Henris a toute se gent, si conquist grant partie de le tere. Aprés li cuens Loeis demanda un autre ROIAUME, et on li donna; et li cuens de Saint Pol redemanda un autre ROIAUME, et on li donna; aprés mesires Pierres de Braiechoel un autre ROIAUME qui estoit en tere de*

[19]Ne confondons pas les répétitions qui comportent un changement de point de vue avec les répétitions occasionnelles d'un passage (parfois mot à mot) qui semblent provenir de l'inattention de l'auteur ou d'une interruption du récit. Ainsi la phrase, *li roiaumes de Jherusalem estoit tous perdus et que il n'i avoit mais vile qui se tenist, fors Sur et Escaloune* XXXIII, 99–101, est répétée dans le chapitre suivant, *et li tere fu si perdue qu'il n'i avoit mais vile qui se tenist fors, Sur et Escaloune* XXXIV, 2–4. Le même type de répétition, sans but stylistique apparent, est à remarquer quand Robert parle de la division injuste du butin : *si que on ne departi onques au quemun de l'ost, ne as povres chevaliers, ne as serjans qui l'avoir avoient aidié a waaingnier, fors le gros argent, si comme des paieles d'argent que les dames de le chité portoient as bains* LXXXI, 25–29. La phrase est répétée à la suite de la longue description de Constantinople : *Si n'en departi on fors le gros argent qui i estoit, les paieles d'argent seulement que les dames de le chité portoient as bains* XCVIII, 3–5.

Sarrasins vers le Coine, s'il le pooit conquerre, et on li otria, et mesires Pierres i ala a toute se gent, si conquist chu ROIAUME molt bien et s'en fu sires. Si faitement demanderent li rike homme les ROIAUMES qui n'estoient mie encore conquis... etc. CXI, 1–14.

Plus fréquente est la répétition d'un nom dans les formules comme *et estoit CHELE CAPELE si rike et si noble, que on ne vous porroit mie aconter le grant biauté ne le grant nobleche de CHELE CAPELE* LXXXII, 17–20 (même procédé à propos du *palais de Blachernes* LXXXIII, 35–38, et à propos du *moustier* de Sainte Sophie LXXXVII, 4–7). Que Robert le fasse par manque d'habileté ou par aversion des abstractions (dans les derniers exemples cités, *en* possessif suffirait pour éviter les répétitions), le fait est que les répétitions de cette sorte contribuent non seulement à la mise en relief des mots-clés mais aussi à la clarté des passages dans lesquels elles se trouvent. En effet, dans *RC*, il est peu possible de trouver un passage difficile à comprendre à cause de l'emploi d'un pronom à la place d'une répétition. Ces répétitions concrètes, tout en aidant à l'intelligence du texte, produisent un ton de monotonie et de « naïveté » qui peut fatiguer le lecteur moderne.

Ce désir de tout dire, de ne rien laisser d'implicite, provient sans doute d'un souci de clarté et de la peur de l'abstrait. Ces répétitions étaient-elles considérées comme « fautes » de style par les contemporains de Robert de Clari ? Sans doute, à nous, lecteurs modernes, elles paraissent parfois gauches, surtout quand une d'entre elles se trouve à la fin d'une phrase bien construite. Regardons, par exemple, cette magnifique phrase dans laquelle Robert reconnaît dans la désastreuse bataille d'Andrinople, l'intervention de Dieu qui punit les *barons* de leur injustice envers la *menue gent* : *Ensi faitement se venja Damedieus d'aus pour leur orguel et pour le male foi qu'il avoient portee a le povre gent de l'ost, et les oribles pekiés qu'il avoient fais en le chité, après chou qu'il l'eurent prise* CXII, 31–35. Evidemment le rappel « pédant » du fait que Constantinople a été conquise vient alourdir une phrase dans laquelle l'auteur emploie avec adresse la gradation *orguel... male foi... oribeles pekiés*. L'explication doit en être recherchée dans le désir de clarté. Il se peut que *RC*, comme les chansons de geste, ait été destiné à la lecture à haute voix; dans ce cas, les répétitions de la sorte sont indispensables, surtout pour un auditoire peu instruit et distrait. L'auteur s'assure continuellement de l'attention de ses auditeurs par des répétitions de toutes sortes. Ce souci conditionne le style de la chronique.

2.3.3. Nous y remarquons presque immédiatement un autre type de répétition : celle du contenu (ou d'une partie du contenu) d'une phrase dans la proposition ou dans la phrase qui suit. Ceci a surtout lieu dans la narration qui devient ainsi semblable à une chaîne. Les anneaux de cette chaîne, c'est-à-dire les propositions, sont joints l'un à l'autre par la répétition, ce qui peut être symbolisé par la formule suivante : X fit l'action *a*. Quand X eut fait *a*, X fit *b*. Quand X eut fait *b*, X fit *c*, etc. On dirait que cet « enchaînement temporel » n'est qu'un substitut au développement logique que Robert ne semble percevoir que vaguement : devant la difficulté de voir et d'exprimer le développement logique, il met en relief le développement chronologique. Ce type de répétition se retrouve très souvent. En voici quelques exemples. *Si envoierent ches letres par boins messages au duc et as pelerins qui illueques estoient arivé. Quant li message vinrent à l'ost, si lut on les letres devant le duc et devant les pelerins. Quant les letres furent lutes et li dux les eut entendues...* XIV, 16–21. *Et fu si grans chele meslee que a paines les peurent li chevalier desmeler. Quant il les eurent desmeslés...* XV, 3–5. *Aprés le gent de le vile alerent u palais et menerent le nouvel empereeur avec aus. Si prisent le palais a forche, si y menerent l'empereeur; aprés si l'assisent en la* [msRC = le] *caiere Coustentin, et puis qu'il fu assis en la* [msRC = le] *caiere Coustentin, si...* XXIV, 1–5. *Et Andromes li respondi :* « *Taissiés vous* » *fist il,* « *que je ne vous en dengneroie respondre !* » *Quant li emperes Kyrsacs oï qu'il ne l'en dengneroit respondre...* XXV, 48–51, etc.

2.3.4. Le dernier type de répétition qui nous reste à discuter appartient au domaine limitrophe de ce que nous appelons « procédé stylistique ». Il s'agit de la répétition de mots ou de phrases qui semblent être nouvellement acquis par Robert. Ceci s'applique surtout à des mots et à des expressions abstraits. Ainsi, par exemple, on dirait que dans *Li empereres fut molt liés de le grant houneur que Diex li avoit en tel jour donnee* XXIV, 6–8, le chroniqueur vient de découvrir le mot *houneur*, parce que ce mot est immédiatement répété aux lignes 9 et 12 du même passage. La même chose arrive dans le cas du mot *mant* employé pour la première fois à la ligne c, 2 et répété tout de suite c, 5.

Il en est de même de l'expression *sans nul contredit*, car elle est employée pour la première fois dans *car se on m'eslit a empereur, que jou i voise tout maintenant sans nul contredit* XCIII, 15–17, pour être ensuite répétée aux lignes 19 et 22. La répétition des expressions et des mots récemment découverts laisse deviner l'inexpérience de l'écrivain. S'efforçant de trouver un mot ou une phrase juste, il ne peut résister à la tentation de réintroduire ses trouvailles à plusieurs reprises en les mettant ainsi en relief. La tentation est d'autant plus irrésistible pour Robert que chez lui les répétitions sont à l'ordre du jour[20].

2.4.   Si nous avons passé beaucoup de temps à discuter les différents types de répétition, c'est que, disons-le encore une fois, la répétition est le plus important, et de beaucoup le plus fréquent des procédés stylistiques de Robert de Clari. C'est presque avec surprise que nous découvrons des cas où la répétition est manifestement évitée.

Robert ne semble pas se faire faute de répéter les verbes, mais parfois il évite cette forme de répétition par un moyen très commun à son époque — et qu'il aurait pu employer, s'il l'avait voulu, là où il semble avoir préféré répéter les verbes exprès. Ce moyen, c'est l'emploi du verbe *faire* comme substitut : *ne onques ne vit on gens plus rikement ne plus noblement aler que chil fisent* XIX, 8-10; *Et si en i avoit une autre des abeïes ou li boins empereres Manuaus gesoit, qu'il ne nasqui onques cors seur tere, ne sains, ne sainte, qui si rikement ne si noblement geust en sepulture comme faisoit chis empereres* XCII, 50-54; ou bien *et valoient mix li warnement qu'il avoit seur lui que li tresors a un rike roi ne faiche* XCVII, 4-6, etc. Appuyons sur le fait que les cas où *faire* est ainsi employé sont très rares.

Une autre circonstance plus importante où Robert essaie d'éviter la monotonie de la répétition, c'est dans les phrases d'ouverture d'une série de brefs chapitres dont l'ensemble forme une description. Il a alors recours à la « *repetitio cum variatione* », c'est-à-dire qu'il répète l'idée, comme par exemple : « Et puis, ailleurs dans la cité, il y avait... », mais avec des variations dans les détails. Notons les phrases suivantes :

Aprés, ailleurs en le chité, avoit un autre moustier... LXXXVII, 1-2;
Or avoit ailleurs en le chité une porte... LXXXVIII, 1-2;

[20]Avant de quitter le domaine des répétitions, il nous faut attirer l'attention sur un type qui, même s'il ne représente pas un procédé stylistique, saute néanmoins aux yeux du lecteur moderne : c'est la répétition d'un mot dans l'un ou l'autre des dérivés de l'étymon. Nous trouvons souvent des phrases qui contiennent cette « *figura etymologica* » : *parlerent ensanle de l'eskemeniement dont il furent eskemenié* XV, 8-9; *par uns alooirs qui alooient* XXIII, 3-4; *chu mant que li marchis avoit mandé* C, 2; *des nes qu'il menoient et de la [msRC = le] grant goie qu'il demenoient* XIII, 44-45; *une fleuste dont chil pasteur fleustent* LXXXV, 37; *les batailles l'empereur assanlees ensanle* XLVIII, 28-29, etc. Il est impossible de savoir si ce procédé est voulu ou non.

Ailleurs en le chité a une autre porte... LXXXIX, 1–2;
Ore en un autre lieu en le chité avoit une autre mervelle... XC, 1–2;
Or avoit ailleurs en le chité une autre merveille... XCI, 1–2;
Encore i avoit il ailleurs en le chité une greigneur mervelle, XCII, 1–2.

Vu l'abondance de toutes sortes de répétitions, cette tentative d'éviter la monotonie semble d'autant plus importante.

3. Par rapport à la répétition les autres procédés stylistiques de *RC* sont peu complexes et peu nombreux. Dans la description les procédés les plus notables sont les comparaisons.

Les comparaisons les mieux développées sont celles qui sont construites à l'aide du verbe *sembler*. Elles ne sont pas très nombreuses, soit, mais parfois elles produisent de beaux effets : *et [ils] portoient en son les lanches grans torkes de candeilles entor leur loges et par dedens, que che sanloit que tote l'os fust esprise* XII, 36. La comparaison d'une armée dont tous les membres portent des torches, avec un incendie n'a rien de très recherché. Mais tout en étant banale, elle ne laisse pas d'être saisissante et pittoresque. C'est une image qui se présente aux yeux avec une puissance d'évocation immédiate : dans l'auditoire, il devait y avoir plusieurs guerriers qui avaient connu cet effet d'un camp illuminé. La comparaison avec le feu dans les deux exemples suivants montre encore plus d'ingéniosité : *et li aigle* [il s'agit d'un des ornements du manteau impérial] *qui par dehors erent, estoient fait de pierres precieuses et resplendissoient si que che sanloit que li mantiaus fust alumés* XCVI, 28–30; *Quant il furent en chele mer et il eurent tendu leur voiles et leur banieres mises haut as castiaus des nes et leur enseingnes, si sanla bien que le mers formiast toute et qu'ele fust toute enbrasee des nes...* XIII, 40–44. Cette dernière comparaison est la plus vive, la plus complexe et la plus expressive de toutes. Remarquons encore une fois qu'ici comme dans tous les passages où Robert s'efforce de donner du relief, il emploie la répétition (*formiast... et... fuste enbrasee...*). Les autres comparaisons faites à l'aide du verbe *sembler* sont moins élaborées et moins frappantes. Les croisés en tenue de bataille sont comparés à des anges : *et disoient entr'ax que che sanloit des noes que che fussent angle, si erent il bel* XLVII, 74–76. Le poli du marbre évoque l'image du cristal : *blanc marbre si liste* [Jeanroy[21] préfère la leçon *lisce*] *et si cler que il sanloit qu'il fust de cristal* LXXXII, 16–17. Les croisés sur lesquels les assiégés jettent des pierres sont

---

[21]Jeanroy, « Corrections », p. 393.

comparés à des hommes enfouis sous ces pierres : *et quarrel voloient si dru et tant i getoit on de pierres de lassus des murs que il sanloit enaises k'il y fussent enfoï es pierres* LXXV, 25-28. La foule des ennemis est comparée à la moitié du monde : *et virent tant de gent, et haut et bas, que sanloit que demis li mondes i fust* LXXV, 38-40.

3.1.   Nous trouvons aussi quelques comparaisons qui se passent du verbe *sembler*. Elles sont, en général, plus simples et plus concrètes. Ainsi, les Grecs sont *pieur que Juis* LXXIII, 10, et l'héroïque frère de Robert *le boins clers*, Aliaume de Clari, *les faisoit aussi fuir devant lui comme bestes* LXXVI, 13-14; les robes de l'empereur Baudouin *valoient mix... que li tresors a un rike roi ne faiche* XCVII, 5-6. Remarquons le pouvoir stylistique dans la comparaison « quantitative » suivante : *je ne quit mie, au mien ensient, que es quarante plus rikes chités du monde eust tant d'avoir comme on trova u cors de Constantinoble* LXXXI, 13-16. Intéressante aussi — car elle jette une lumière sur le caractère décidément provincial de notre auteur — est la comparaison qu'il fait pour montrer l'étendue du dommage que le feu a causé à Constantinople : *il misent le fu en le vile; si que bien en i eut ars le grandeur de le chité d'Arras*[22] XLVI, 16-17. C'est dans les comparaisons de la sorte que nous pouvons nous permettre de parler d'art simple, direct et efficace, de traduction immédiate d'expériences vécues, expériences, par ailleurs, d'un petit chevalier qui, n'ayant connu qu'Arras, confronte soudainement Venise et Constantinople[23] !

3.2.   Notons que toutes ses comparaisons sont dans un sens des *hyperboles*, c'est-à-dire, des exagérations conscientes afin de rehausser un effet. L'élément

----

[22]En comparaison avec notre provincial, Villehardouin semble beaucoup plus cosmopolite. Voilà comment il décrit l'étendue des dégâts causés par le second incendie de Constantinople (Robert décrit le premier) : *Et plus ot ars maisons qu'il n'ait es trois plus granz citez del roialme de France* (*La Conquête*, II, chap. 247, p. 50).

[23]Plusieurs des comparaisons concrètes ne peuvent être considérées comme des procédés stylistiques : elles n'ont pour but que de suggérer les dimensions d'un objet. Ainsi [*buhotiaus*] *estoit du grant a une fleuste dont chil pasteur fleustent* LXXXV, 36-37. Dans le cas suivant la comparaison semble, à première vue, un peu irrévérencieuse, mais nous sommes persuadé que Robert n'était mu que par un désir d'exactitude quand il dit *on i trova deus pieches de le Vraie Crois aussi groses comme le gambe a un homme...* LXXXII, 21-22. Ailleurs nous trouvons *une grosse caaine d'argent, aussi grosse comme le brach a un homme* LXXXV, 29-31; *une grosse colombe* [colonne] *qui bien avoit trois brachies a un homme de groisseur* LXXXVI, 2-3 (la même chose, XCII, 2-4).

d'hyperbole est surtout visible dans les comparaisons avec des êtres hypothétiques lorsque Robert veut faire ressortir le caractère unique de la personne (ou de la chose) qu'il compare. Ainsi, les exemples suivants, quoique présentant formellement des comparaisons, sont en réalité des hyperboles : *et fist tant de si grans desloiautés, que onques nus traïtres ne nus mourdrissierres tant n'en fist comme il fist* XXI, 27–29; *Si fus molt preudons chis empereres et li plus rikes de tous les crestiens qui onques fuissent...* XVIII, 5–7.

4. L'hyperbole occupe une certaine place dans le bagage stylistique de Robert de Clari. Les exagérations ne sont ni trop nombreuses ni trop hardies. En général, elles consistent à exagérer le caractère exclusif et unique de la chose. L'exemple le plus complexe d'hyperbole se trouve dans la phrase où Robert, excité sans doute par les réminiscences de la grande valeur du butin, dit : *ch'estoit une fine merveille du grant avoir qui luekes fu aportés, mais puis que chis siecles fu estorés, si grans avoirs, ne si nobles, ne si rikes ne fu veus, ne conquis, ne au tans Alixandre, ne au tans Charlemaine, ne devant ne aprés* LXXXI, 9–13. Assez expressive aussi est l'hyperbole suivante : *[li ymages]... qui si estoient bien faites et si natureument formees qu'il n'a si boin maistre en paienisme ne en crestienté qui seust mie* [Jeanroy[24] préfère avec raison la leçon, *miex*] *pourtraire ne si bien former ymage comme chil ymage estoient formé* XC, 20–24. La description du tombeau de l'empereur Manuel contient une hyperbole typique : *ou li boins empereres Manuaus gesoit, qu'il ne nasqui onques cors seur tere, ne sains, ne sainte, qui si rikement ne si noblement geust en sepulture...* XCII, 51–54. En général, elles sont beaucoup plus élémentaires. En effet, ce ne sont que des exagérations du type : *nus hons terriens* XCII, 37; *le plus laide* [*beste*] *du siecle* XXV, 68; *ch'estoit le plus bele cose a eswarder qui fust trés le commenchement du monde* XIII, 35–36; *si biaus estoires ne si rikes ne fu veus ne assanlés en nule tere* XIII, 56–57; etc. Nous avons choisi de discuter les hyperboles à part, car, en un certain sens, elles manifestent l'impuissance de l'auteur quand il s'agit de donner une description plus exacte des choses qu'il a vues, ou une expression plus profonde des sentiments esthétiques qu'il éprouve. Parfois, l'hyperbole est, en effet, une indication d'ineffabilité devant le beau, le grand ou l'étrange comme nous l'avons fait remarquer dans notre discussion du vocabulaire esthétique de Robert de Clari. (Voir ci-dessus, chap. III, 4.3.6.)

Dans les exemples qui suivent nous voyons Robert, à bout de ressources, se

24Jeanroy, « Corrections », p. 393.

contenter de tournures et de formules par lesquelles il semble avouer son incapacité de traduire comme il le voudrait son émerveillement. Cet aveu constitue en lui-même un procédé stylistique dont il se sert très souvent. Il accompagne souvent les descriptions des formules qui expriment cette incapacité. Ainsi, nous trouvons l'expression *que trop* : *deus ymages jetés de coivre en forme de femme, si bien faites et si natureument et si beles que trop* XCI, 2-4, ou bien l'expression *une fine merveille* : *tant d'or et d'argent comme une fine mervelle* XXIV, 17-18. Les expressions *que trop* et *comme une fine merveille* sont assez fréquentes. Un peu moins commune est *que molt* : *Si estoit chis ymages si rikes que molt* CXIV, 5-6.

Il est impossible de savoir si ces expressions d'impuissance étaient, du temps de Robert, de véritables procédés stylistiques, c'est-à-dire (d'après notre attitude dans la discussion du style), des procédés qui servaient à rehausser les effets, ou si, déjà à cette époque, elles étaient devenues des clichés.

Robert emploie parfois un procédé qui consiste à admettre directement son impuissance à décrire. Et nous le pensons parfaitement sincère quand il dit : *Li lieus la ou on lisoit l'ewangile estoit si rikes et si nobles que nous ne le vous sariemes mie descrire com fais il estoit* LXXXV, 25-27; *Et estoit chis palais si rikes et si nobles que on ne le vous saroit mie descrire ne aconter le grant nobleche ne le grant riqueche...* LXXXIII, 35-37. Il emploie ce type d'expression, non seulement quand il se trouve écrasé par des réminiscences d'ordre esthétique, mais aussi quand il est ému par le souvenir des impressions que lui avaient donné les nouveautés rencontrées, et surtout par l'énormité de la valeur des *rikeches*. Chez lui, on ne saurait tracer une ligne de démarcation nette entre les émotions produites par la beauté et celles produites par la valeur matérielle des beaux objets, valeur qui dépassait de beaucoup tout ce qu'il avait connu ou même imaginé jusque là. En voici quelques exemples : [*i trova on*]... *tant d'autres rikes saintuaires illuec,* [*que*] *ne le vous porroie mie aconter ne dire le verité* LXXXII, 32-35; *Li maistres auteus du moustier estoit si rikes que on ne le porroit mie esprisier* LXXXV, 15-17; ou bien [*un abitacle*] *qui tous estoit d'argent massis, qui estoit si rikes que on ne peust mie nombrer l'avoir que il valoit* LXXXV, 23-25.

Nous croyons que le procédé qui consiste à dire l'impuissance de l'auteur devant les faits à décrire constitue un moyen stylistique, pourvu qu'il ne soit pas employé trop souvent; autrement, il ne devient qu'un simple cliché. Ce n'est qu'avec une certaine mesure que Robert en use. Nous remarquons aussi qu'il ne le fait que lorsqu'il décrit les objets vraiment importants (la flotte, les édifices, les reliques), en somme, quand il décrit des choses qui dépassent tout ce qu'il a rencontré au cours de ses expériences antérieures et devant lesquelles sa langue et ses moyens de mise en relief n'atteignent le superlatif recherché qu'en s'avouant inadéquats.

5. *RC* révéle peu de variété dans les moyens d'expression qui pouvaient servir à mettre en relief, à souligner et, en général, à rehausser l'effet voulu. Pourtant la présence de toutes sortes de procédés stylistiques dans la littérature qui précède notre chronique est un fait bien connu et souvent étudié[25]. C'est donc l'absence de certains procédés stylistiques (p. ex. métaphores, synecdoques, personnifications, allégories, litotes, antithèses, proverbes et sentences, apostrophes, etc.) qui justifie jusqu'à un certain point l'appellation de « naïf » et de « simple » que les critiques donnent à Robert. Néanmoins cette absence s'explique par le caractère même du récit. Rappelons-nous que Robert insiste sur le caractère non-artistique mais plutôt documentaire de sa chronique quand il déclare dans son *explicit* : *Ore avés oï le verité... que chis qui i fu et qui le vit et qui l'oï le tesmongne, ROBERS DE CLARI, li chevaliers, et a fait metre en escrit le verité, si comme ele [Constantinoble] fu conquise; et ja soit chou que il ne l'ait si belement contee le conqueste, comme maint boin diteeur*

[25]La variété et la richesse des procédés stylistiques des premiers romans français en vers fait le sujet de la thèse déjà citée de M. Biller. Suivant la méthode de son temps, Biller énumère et classifie les procédés rhétoriques sans tâcher d'évaluer leur valeur expressive. Cette même méthode est suivie par F. M. Warren, qui, cependant (dans « Some Features of Style »), met l'accent sur le rôle des figures de rhétorique dans la versification des romans. L'étude de Warren comme celle de Biller démontre la variété et la richesse des procédés stylistiques des auteurs de romans antiques et courtois. Il ne fait aucun doute que les chansons de geste présentent aussi une variété infinie de procédés stylistiques. Et, s'il y a des discussions sur leur origine (latine, germanique ou francienne même), les savants s'accordent généralement à reconnaître leur omniprésence dans l'épopée française. Jessie Crosland, *Old French Epic*, p. 9, résume ainsi ce problème : « There is hardly a rhetorical device (except perhaps that of the lengthy similes) which we do not find in the Old French national epic. Many of those tricks of style, such as hyperbole, apostrophe, rhetorical questions, etc. are common to all primitive poetry and almost inseparable from the epic form. » C'est de la façon suivante que Curtius, « Ueber die altfr. Epik », classifie les figures de style tirées de la littérature latine et de la *Chanson de Roland* : *oppositio, sententia,* apostrophe, hyperbole, *interiectio ex persona poetae,* formule de *cernas, addubitatio,* indication épique du paysage, allitération des noms, *praemonitio,* messager pressé, formule de *nolit-volit,* litote, pause pour la réflexion (pp. 273–278). La thèse de l'auteur (développée plus tard dans son ouvrage magistral, *Europäische Literatur*) maintient que le style de la chanson de geste est très fortement influencé par la rhétorique latine.

l'eussent contee, si en a il toutes eures le droite verité contee... cxx, 1-10. N'exagérons pas l'importance de cette protestation de véracité, car nous savons que même les récits les plus fabuleux du moyen âge contiennent de telles protestations[26]. Néanmoins, nous croyons que jusqu'à un certain degré, il y a dans l'esprit de l'auteur, quand il dicte son *explicit*, non seulement une prise de conscience de l'insuffisance de ses moyens stylistiques, mais aussi un jugement, vague peut-être, qu'il y a un conflit apparent entre l'art de *conter belement* et le souci de la *droite vérité*. Même si nous n'apprenions jamais, ce qui est fort probable, si Robert était peu apte ou peu disposé à manier tout le fonds stylistique disponible à la littérature de son temps, nous pouvons deviner qu'une certaine limitation dans le nombre des moyens stylistiques vient probablement du caractère « documentaire » de son œuvre. De plus, le fait même que *RC* soit en prose, limite, sinon la variété, du moin le nombre de ces procédés, qui en poésie perdent souvent leur rôle proprement stylistique (c'est-à-dire, leur pouvoir expressif) et deviennent de simples chevilles.

En effet, à part son procédé préféré, à savoir, la répétition, et à part les

[26]Curtius (« Ueber die altfr. Epik », p. 320) déclare que : « Die Wahrheitsbeteuerung gehört zum epischen Stil » et que cette protestation de vérité est le résultat d'une tradition qui remonte au moins jusqu'aux derniers temps (4e siècle) de l'antiquité latine, à l'époque où les épopées homériques sont devenues des romans en prose. Il observe à ce propos (*Europäische Literatur*, p. 181) : « Eines ihrer wichtigsten Merkmale — vielleicht des Romans überhaupt — ist die Versicherung, alles sei buchstäblich wahr (als *adtestatio rei visae* bei Microbius Sat. IV, 6, 13, unter den Mitteln zur Erregung von Pathos aufgeführt) und beruhe auf der Niederschrift von Augenzeugen. Dieses Moment taucht ja schon in Aeneas' Bericht über Trojas Zerstörung (*quaeque... ipse vidi*) auf. Es sollte für die späteren Zeiten wichtig werden. » En effet, nous retrouvons partout dans les romans cette insistance sur la véracité de l'histoire contée. Rappelons-nous, par exemple, quand Benoît de Sainte-Maure nous informe qu'il ne se base pas sur Homère, qui, quoique (vv. 45-46, 51-54) :

> ... clers merveillos
> E sages e esciëntos...
> ne dist pas sis livres veir,
> Quar bien savons senz nul espeir
> Qu'il ne fu puis de cent anz
> Que li granz os fu assemblez.

Par conséquent (v. 56) : «onc n'i fu ne rien n'en vit » . Benoît base donc son roman sur une source beaucoup plus digne de confiance, à savoir, sur la chronique de Darès qui (v. 94) : « Fu de Troie norriz et nez » et qui (v. 101) : « ... vit si grant l'afaire » et l'a décrite (v. 106) : « come il o ses ieuz le veeit » .

comparaisons et les hyperboles, Robert n'emploie que deux autres procédés stylistiques : la parenthèse, et, sur une échelle beaucoup plus grande, le discours direct.

5.1. La parenthèse ne joue pas un rôle très important. Il faut néanmoins en mentionner un type qui consiste en l'intervention personnelle de l'auteur qui affirme l'importance ou la véracité du fait discuté. En voici quelques exemples : *je ne quit mie, au mien ensient, que es quarante plus rikes chités du monde eust tant d'avoir...* LXXXI, 13–15; *Toutes ches mervelles que je vous ai chi acontées, et encore assés plus que nous ne vous poons mie aconter, trouverent li Franchois en Constantinoble, quant il l'eurent conquis; ne je ne quit mie, par le mien ensient, que nus hons...* XCII, 24–29; *nus ne li demanda du sien... qu'il ne li fesist donner cent* [*msRC = .c.*] *mars: ensi l'avons oï tesmoignier* XVIII, 7–10. Les parenthèses de cette espèce ne sont pas très nombreuses chez Robert, qui, on s'en souvient, n'entre personnellement en scène que très rarement. Elles sont employées dans un but nettement stylistique, non seulement pour mettre ces faits et ces évaluations en relief, mais aussi pour persuader l'auditoire, pour gagner sa confiance et pour établir avec lui cette entente dont nous avons parlé. Robert use de ces parenthèses avec discrétion — et nous dirions, non pas en rhéteur qui prépare ses effets ou ménage la bonne volonté de son auditoire, mais plutôt en *povre chevalier* qui veut raconter la *droite vérité*[27].

5.2. Beaucoup plus important est l'emploi du discours direct[28] que nous avons déjà mentionné (voir chap. II, 6.1 ss).

[27]On peut voir un autre type de parenthèse qui ne représente guère un procédé stylistique selon notre conception du style. Il doit être mentionné ici car il joue un rôle assez important dans la structure du récit de Robert. Nous pensons ici aux parenthèses qui servent à « excuser » la répétition : *Tant que Aliaumes de Clari, li clers, dont je vous ai parlé par devant, qui si i fu preus de sen cors et qui tant i fist d'armes, comme nous vous avons dit par devant...* XCVIII, 8–11, et à celles qui résument une digression et qui nous ramènent par la suite à l'histoire principale interrompue. Un bon exemple se trouve dans le passage suivant : *Or vous avons conté le mesfait dont li marchis de Montferras haioit l'empereur de Coustantinoble, et pour coi il i metoit gregneur paine et gregneur consel d'aler en Coustantinoble que tout li autre, si revenrons aprés a no matere de devant* XXXIX, 1–5. Ces parenthèses sont assez souvent employées, mais en général, elles sont plus simples que celles citées ci-dessus. En voilà quelques autres : *si comme nous vous dirons aprés* LXXX, 18; *Or vous dirai* LXXXV, 1; *Or vous lairons chi ester des pelerins et de l'estoire, si vous dirons...* XVIII, 1–2; *si com je vous ai dit* LXXXII, 2; *com je vous dirai* LXXXV, 38, etc.

[28]Le discours direct est partout présent dans les chansons de geste de même que dans les romans. M. Biller, *Études*, p. 159, qualifie son emploi dans le roman de « la plus

Ainsi, il a été établi que les passages en discours direct sont assez nombreux. Rappelons aussi qu'ils ne représentent pas de véritables citations retenues et répétées par Robert. Au moins un quart d'entre eux sont censés redire les paroles non d'une personne mais d'un groupe (« les Grecs disent... », etc.) et ne sont pas, par conséquent, historiquement authentiques. Ce procédé se révèle donc clairement comme un moyen stylistique et devient très efficace surtout si nous nous rendons compte de la pauvreté des autres moyens stylistiques à la disposition de l'auteur.

5.2.1. Les limites entre le discours direct et le discours indirect sont parfois imperceptibles. Il nous arrive de trouver une petite parenthèse en discours indirect (c'est-à-dire, des mots de l'auteur) insérée parmi les paroles d'un héros : « *or vous en alés tout ensanle et je vous siurrai entre mi et toute me gent, et si soiés en un lieu* », QU'I LEUR NOMMA, « *et je vous manderai...* » XVIII, 29–32. C'est une dramatisation en sens inverse — le discours indirect qui, par son interpolation, rehausse l'effet du discours direct. *RC* présente aussi un passage en discours indirect dans lequel l'auteur a inséré une exclamation qui a toute l'apparence du discours direct : *Et mesires Pierres d'Amiens li remanda qu'il ne retorneroient nient. Et li quens de Flandres li manda de rekief par deus messages que POUR DIEU cheste honte ne li fesissent, mais retornaissent...* XLVII, 51–55. Ce mélange de discours direct et de discours indirect n'est pas un phénomène exclusif à *RC*. Il existe partout où le discours direct joue un rôle important[29].

---

efficace des figures dramatiques » . Il est aussi très fréquent dans les chroniques — même celles traduites du latin où le discours indirect est souvent transposé en discours direct pour dramatiser la narration. (En français ces chroniques étaient destinées à être récitées devant un auditoire, tandis qu'en latin elles étaient lues.)

[29]Il ne faut pas trop nous étonner de trouver un mélange de discours direct et de discours indirect dans *RC*. L'élève de Charles Bally, Marguerite Lips, observe dans sa thèse sur *Le Style indirect libre*, pp. 117-126, que la littérature médiévale française présente parfois certaines difficultés pour celui qui veut distinguer entre les paroles de l'auteur et celles de ses héros. Cet état de choses est surtout causé par la suppression assez fréquente de la conjonction de subordination *que*. Nous trouvons parfois dans *RC* des propositions subordonnées sans *que*. Généralement ce ne sont pas les premières propositions subordonnées qui perdent leur conjonction. Voici un exemple : *il respondi as latimiers, en sen langage, QUE se tere estoit encore cent [msRC = .c.] journees dela Jherusalem, ET DE LA ESTOIT IL VENUS en Jherusalem en pelerinage; et si dist QUE...* LIV, 17-20. Cependant, nous n'avons trouvé aucun cas où l'absence de *que* donne lieu à une véritable confusion entre les mots de l'auteur et ceux des héros. Voici la façon dont Mlle Lips explique (*ibid.*, pp. 125-126) les véritables cas de con-

5.2.2. Parmi les passages de ce type les plus notables se trouvent ceux qui présentent l'état d'esprit d'un homme ou d'une collectivité. Ainsi, l'impatience, le dédain et finalement la rage du vieux doge Dandolo sont tous exprimés en termes peu châtiés dans : « *Alexe, que cuides tu faire ?* » *fist li dux*, « *preng warde que nous t'avons geté de grant caitiveté, si t'avons fait seigneur et coroné a empereur; ne nous tenras tu mie* » *fist li dux*, « *nos convenenches, ne si n'en feras plus* » LIX, 22–26. Et à la réponse négative d'Alexis, le doge continue à tonner : « *Non ?* » *dist li dux*, « *garchons malvais; nous t'avons* », *fist li dux*, « *geté de le merde et en le merde te remeterons; et je te desfi et bien saches tu que je te pourcacherai mal a men pooir de ches pas en avant* » LIX, 27–31. Si l'on n'est pas convaincu de l'efficacité stylistique d'un passage comme celui-ci, il faut le confronter avec les autres possibilités stylistiques dont disposait Robert. Comment exprimerait-il les sentiments du doge (partagés sans doute par de nombreux croisés) sans le discours direct ? Nous lirions probablement comme à beaucoup d'autres occasions : « *Quant li dux oï chou si en fut molt dolens et molt courchiés* », ou peut-être, « *esmaris et dolens* » . La même chose se voit dans le passage où Robert présente la douleur et la désillusion des *pouvres chevaliers* et des *joules bachelers* à l'occasion du partage du butin : *nostre avoir avés vous parti, dont nous avons souffert les grans paines et les grans travaus, les fains et les sois et les frois et les caus, si l'avés parti sans nous ? Tenés !... veschi men wage... que je vous mousterrai que vous estes tout traïteur !* CV, 12–17. Ici encore, nous sommes en présence d'un procédé stylistique très puissant et dont l'affectivité ne peut être mise en doute. Insistons encore sur le fait que dans le discours indirect nous ne lirions probablement qu'une phrase telle que : « *si furent molt courchiet et molt dolent* » .

Comment Robert a-t-il pu exprimer avec force et subtilité l'innocence, la noblesse et le sang-froid d'Isaac l'Ange à côté de la félonie de ses persécuteurs — les meurtriers envoyés par l'usurpateur Andromic : « *Sire, que plaist vous ?* » [demanda Isaac] *Et chis li respondi molt fenelessement, se li dist :* « *Ribaus puans, on vous pendera ja !* » XXI, 85–87.

Remarquons combien expressive est la description de la bataille : *Adonques vint mesires Pierres d'Amiens et mesires Wistasses de Canteleu, qui estoient maistre meneeur de la* [msRC = *le*] *batalle, si disent :* « *Seigneur, chevauchiés,*

---

fusion entre le discours direct et le discours indirect : « Le conteur du moyen âge est subjectif; il partage les préoccupations de ses personnages; il mêle sans cesse sa pensée à la leur. De là, de nombreux passages ambigus, où l'on ne sait si c'est lui ou eux qui parlent. »

de par Dieu, tot le pas ! » *Et il commenchent a chevauchier le pas, et tout chil de l'ost, qui estoient demoré arriere, commenchierent a crier après :* « *Veés, veés ! Li quens de Saint Pol et mesires Pierres d'Amiens veut assanler a l'empereur. Sire Diex !* » *commenchierent il a dire et a crier,* « *Sire Diex, soiés hui warde d'aus et de toute leur compaingnie ! Veés ! Il ont l'avantgarde que li cuens de Flandres devoit avoir ! Sire Diex, conduiés les a sauveté !* XLVII, 58-70. L'emploi du discours direct dans ce dernier passage sert à énoncer avec force non seulement les opérations militaires, mais aussi bien, et c'est ce qui est plus important pour nous, toute l'atmosphère émotionnelle de la bataille. D'abord Robert nous fait voir la bataille et puis, en même temps, il nous fait sentir les émotions poignantes des spectateurs. Bien plus, nous devenons spectateurs et participons aux émotions. C'est là le fait d'un vrai talent d'artiste; c'est un conteur doué qui nous parle ici !

Comme dans les chansons de geste, Robert nous montre le camp ennemi et nous « cite » les paroles des chefs. Nous pouvons ainsi voir toute l'insolence, toute la « démesure » et tout l'orgueil du « traître » Murzuphle qui se vante après un assaut infructueux lancé par les croisés : « *Veés seigneur, sui je boin empereres ? Onques mais n'eustes vous si boin empereeur. Ai le jou bien fait ? Nous n'avons mais warde; je les ferai tous pendre et tous hounir* » LXXI, 26-29. L'auteur fait visiblement appel aux sentiments de son auditoire en démontrant toute la félonie de Murzuphle. Encore une fois, notons que le manque de vocabulaire exprimant convenablement la rage, le dédain, l'orgueil, la déception, la joie de la bataille, l'espoir, l'inquiétude, etc., rend l'emploi du discours direct d'autant plus précieux pour nous. Nous ne pouvons que regretter que Robert n'ait pas employé davantage ce procédé, surtout dans la seconde partie de son œuvre.

La majorité des passages en discours direct ne transmettent pas nécessairement des émotions violentes. Néanmoins, leur rôle stylistique, c'est-à-dire, leur rôle dans le processus de la mise en relief, est indéniable. C'est le discours direct qui traduit la totalité de l'événement tel qu'il a été vu et senti par l'auteur — saisi par les sens, apprécié par la pensée, senti dans l'âme. On ne voit pas bien, d'après le reste de la chronique, quels autres moyens stylistiques Robert aurait pu trouver si le discours direct lui avait fait défaut. Il est très intéressant de noter à ce propos que presque toutes les fois que Robert veut expliquer un événement politique ou compliqué il emploie le discours direct sous prétexte de citer les paroles d'un chef, prétexte qui était ou inconsciemment accepté par son auditoire, ou reconnu comme convention littéraire.

Il fait ainsi entendre à son auditoire des choses qu'il serait beaucoup plus difficile de saisir dans la narration indirecte[30].

Dans le discours direct la difficulté de s'exprimer et la gaucherie disparaissent. Robert est dans son élément : ses paroles deviennent claires, précises et faciles à comprendre. Les conditions politiques, les situations militaires, les ambitions personnelles des *haus hommes* trouvent immédiatement leur expression dans des passages comme « *Sire, nous vous avons mandé pour che que li cuens de Champaingne, nos sires, qui estoit nos maistres, est mors; et nous vous mandames pour le plus preudomme que nous saviemes, et qui le greigneur consel pooit metre en nostre afaire, le voie Damedieu ! Si vous proions tout pour Dieu que vous soiés nos sires, et que vous pour l'amour de Damedieu pregniés le crois* » IV, 3–11. Tout y est clair et précis. L'emploi des exclamations rend même ce passage éloquent. Même clarté et même précision dans le passage qui résume les conditions imposées aux Français par les Vénitiens : « *Seigneur* », *fist il*, « *nous avons pris consel entre mi et me gent en tele maniere que, se vous nous volés greanter loiaument que vous nous paierés ches .xxxvi. m. mars que vous nous devés a le premeraine conqueste que vous ferés de vo partie, nous vous mesrons outre mer* » XII, 24–30. Ou bien, dans les paroles hardies du doge qui parle des citoyens de Zara protégés par le pape : « *Seigneur, sachiés que je ne le lairoie a nul fuer que je ne m'en venjaisse d'aus, ne pour l'apostoile !* » XIV, 24–26. Si Robert de Clari emploie souvent le discours direct pour résumer les conditions politiques, militaires et autres, c'est qu'en le faisant il se place vis-à-vis la complexité des circonstances, complexité qu'il n'était parfois pas en mesure d'expliquer (ou peut-être même de comprendre), à un niveau qui lui est propre. Ici surtout, son art est en conformité parfaite avec ses forces, et sa chronique nous révèle une expérience vécue et transmise à travers sa propre personnalité.

Concluons donc, de façon générale, que *RC* emploie le discours direct comme il est employé dans les chansons de geste[31]. Quel que soit le rôle stylistique précis du discours direct : émotif ou clarifiant, ou les deux à la

[30]En dépit de son désir évident d'être clair Robert reste (dans son emploi du discours indirect) parfois assez difficile à suivre. Nous sommes persuadé, sans toutefois pouvoir le prouver, que la complexité syntactique d'une phrase telle que *Et quant il furent venu u palais, si fisent Kyrsac sen pere metre hors de prison et se femme, que ses freres, qui avoit tenu l'empire, i avoit fait metre* LII, 16–18, a souvent laissé l'auditoire fort perplexe.

[31]Il est intéressant de remarquer que la similitude du rôle du discours direct dans *RC* et dans les chansons de geste va de pair avec la ressemblance de la syntaxe verbale du discours direct dans ces mêmes œuvres. (Voir ci-dessus, chap. II, 6.2.)

fois, son importance littéraire tient au fait que c'est par son emploi que Robert traduit sur le vif selon sa propre capacité de voir, de comprendre et de sentir dans une langue qui lui est naturelle, les événements historiques auxquels il participe.

6. L'efficacité du discours direct est à souligner, car il va de pair avec l'habitude qu'a Robert de présenter les événements importants et complexes sous forme de simples anecdotes. Cet usage est un des éléments les plus importants de l'art de la prose de RC. Si, comme nous l'avons démontré, Robert nous semble parfois inefficace quand il s'agit de décrire, parfois sommaire quand il s'agit de présenter le caractère d'un personnage, parfois monotone quand il s'agit de relater des faits consécutifs, il gagne immédiatement nos cœurs comme conteur d'anecdotes et comme faiseur de petits contes. Tel est le caractère des procédés stylistiques de Robert que son art s'épanouit précisément dans les cadres restreints de l'anecdote[32]. Il en use très souvent pour réduire à de petites scènes dramatiques toutes sortes de faits, de différends politiques, d'actions militaires, d'intrigues dynastiques, etc. Cette réduction de l'histoire à l'anecdote est si répandue que nous sommes embarrassé pour choisir des exemples. Il suffit peut-être de montrer que la capture et la mort du dernier empereur grec, Murzuphle, sont réduites à deux anecdotes (voir CVIII et CIX).

6.1. Même dans les parties purement descriptives nous retrouvons un parallélisme à cette « réduction » à l'anecdote. Nous pensons ici à l'habitude qu'a Robert de concentrer son attention sur un détail parfois insignifiant, mais qui lui est familier. Voyons, par exemple, la description de la statue

[32]Ne négligeons pas l'explication « métastylistique » de cette réduction à l'anecdote. Elle provient peut-être du caractère même de Clari et de sa propre *Weltanschauung*. En étudiant *RC*, nous nous rendons compte que, pour Robert, les relations politiques et sociales sont toujours réduites à une, ou à une série de *convenanches* entre des particuliers (si on respecte ces *convenanches*, on est *preudons*, sinon, on est *traïtres*); les actions militaires sont pareillement réduites à une série d'actes de *proesche* individuelle. Cette attitude se prête fort bien à l'emploi des anecdotes et à la présentation de l'histoire comme une série de « vues de premier plan », s'il nous est permis d'emprunter cette comparaison à l'art du cinéma. Ainsi dans les deux anecdotes qui décrivent la capture et la mort de Murzuphle, Robert ne s'occupe pas du tout des considérations politiques, militaires, juridiques et autres attachées à cet événement de première importance.

équestre d'un empereur que Robert prend pour *Eracle : et avoit bien, que seur le crupe du cheval, que seur le teste, que entor, dis aires de hairons, qui illuec aaroient cascun an* LXXXVI, 16–18. Ne faut-il pas conclure que le *povre chevalier* Robert, fatigué de toujours rester bouche-bée devant tant de splendeurs nouvelles, se précipite pour décrire ce détail qu'il connaît depuis sa première promenade devant les cheminées de son pays ? Consciemment ou non, par des détails pareils, Robert fait prédominer un ton de vraisemblance et de véracité.

6.2. L'art de l'anecdote est surtout visible dans des digressions qui ne font vraiment pas partie de la narration. Il y en a au moins trois : le roi noir de Nubie LIV, 1–32; le saint homme et le Christ LXXXIII, 7–27; Pierre de Bracheux descendant des Troyens CVI, 15–38. Examinons ce dernier exemple. Pierre de Bracheux est invité chez Joanis, roi des Valaques, car ce dernier est désireux de faire la connaissance de la *boine chevalerie* du Sieur de Bracheux : *Adont si ala mesires Pierres, lui quart de chevaliers, si monta seur un grant cheval; si comme il vint pres de l'ost as Blaks et Jehans li Blaks seut qu'il venoit, si ala encontre lui et des haus hommes de Blakie avec; si le saluerent et bienvignierent et si l'eswarderent a molt grant paine, car il estoit molt grans, et parlerent a lui d'une* [msRC = *unes*] *coses et d'autres, et tant qu'il li disent : « Sire, nous nous merveillons molt de vo boine chevalerie, et si nous merveillons mout que vous estes quis en chest païs, qui de si loingtaines teres estes, qui chi estes venu pour conquerre tere. De n'avés vous »,* fisent il, *« teres en vos païs dont vous vous puissiés warir ? » Et mesires Pierres respondi : « Ba ! » fist il, « de n'avés vous oï comment Troies le grant fu destruite ne par quel tor ? — Ba ouil ! » fisent li Blak et li Commain, « nous l'avons bien oï dire, mout a que che ne fu. — Ba ! » fist mesires Pierres, « Troies fu a nos anchiseurs, et chil qui en escaperent si s'en vinrent manoir la dont nous sommes venu; et pour che que fu a nos anchisieurs, sommes nous chi venu conquerre tere. » A tant si prist congié, si s'en revint ariere* CVI, 15–38. Le passage que nous venons de citer ne contribue pas grand'chose à l'histoire de la croisade. Il est vrai que Pierre de Bracheux est souvent mentionné par Robert (et par Villehardouin) comme l'un des plus braves et des plus énergiques parmi les croisés, mais cet incident n'a rien d'intrinsèquement important. Le caractère incidentel est souligné par le fait que contrairement aux autres digressions Robert place cette anecdote hors de l'ordre chronologique. Il l'introduit en disant : *Or aviemes evlié a conter une aventure qu'il avint a monseigneur Pierrom de Braiechoel. Il avint que li empereres Henris estoit en ost...* etc.

CVI, 1–2. Généralement il respecte l'ordre chronologique; or, Henri ne devient empereur que huit chapitres plus tard (CXIV, 16). Cette scène est décrite à cause de son intérêt propre : c'est une bonne histoire à raconter et Robert s'y révèle un conteur accompli. Chaque phrase fait faire un pas en avant au récit. Ce n'est plus la marche « à pas enchaînés » (cf. ci-dessus, 2.3.3), ce qui nous permet de croire que Robert y domine complètement son sujet : il y sent si bien le développement logique de phrase en phrase qu'il n'a pas besoin de construire la « chaîne chronologique » si souvent fatigante (pour un lecteur moderne du moins). Cependant la répétition en tant que moyen de mise en relief joue un certain rôle dans l'anecdote. Ainsi, Joanis répète *nous nous merveillons mout*, deux fois, et Pierre lui aussi répète deux fois *fu a nos anchiseurs*. Ces répétitions possèdent une valeur stylistique indubitable : la première souligne l'importante idée du *merveillement*; la seconde conclue et résume toute l'anecdote (en effet, c'est une « pointe » d'histoire). Mais, c'est le discours direct qui rend vivantes et colore les anecdotes (c'est vrai même dans le cas de celle du *boin home* et du Christ, dans laquelle les seules paroles citées forment, néanmoins, le pivot de l'anecdote).

Conclusions du quatrième chapitre

Robert de Clari n'a pas un fonds de procédés stylistiques très riche. Comme il fallait s'y attendre, les procédés qu'il emploie appartiennent à la littérature qui le précède, par exemple aux chansons de geste, aux romans et aux chroniques rimées. Consciemment ou non, Robert imite les procédés littéraires de ses prédécesseurs, ou bien il se sert d'une langue quotidienne dont ces procédés faisaient déjà partie. Etant donné les nombreuses traces d'influence littéraire que nous retrouvons dans la syntaxe de *RC*, nous penchons plutôt vers la première hypothèse même en sachant très bien que dans l'état actuel de nos connaissances de la prose médiévale française la question ne peut être tranchée avec certitude. Il est cependant possible d'affirmer que, tout en étant influencée par la langue littéraire, la chronique n'a subi aucune influence directe du latin. Nous pensons ici aux longues périodes calquées sur le modèle latin. Ces dernières sont caractéristiques de la prose contemporaine de notre chronique, de celle traduite du latin[33]. Les phrases de Robert,

[33]Nous ne pouvons jamais trouver dans *RC* une phrase aussi chargée que le passage suivant (II, 1–7) tiré de la traduction française de la Chronique de Pseudo-Turpin : *En cest grant pooir que Charles ert si cremuz et renomez par les batailles dont il avoit eüe*

par contre, sont comparativement simples, mais cette simplicité (cette « naïveté », si souvent soulignée par les critiques) parle ici en sa faveur.

Les procédés stylistiques favoris de Robert sont la répétition et le discours direct. A cause de la pauvreté des autres moyens stylistiques le lecteur moderne éprouve une impression de monotonie. Cette monotonie ne fait que souligner cette autre monotonie qui résulte du retour presque constant des mêmes constructions de phrases (voir ci-dessus, chap. II, 2.4.8) et surtout d'un vocabulaire restreint. Mais, oublions pour un moment les sentiments du lecteur moderne et posons-nous la question suivante : ces procédés stylistiques sont-ils suffisants pour atteindre le but que se propose Robert ? La réponse doit être : oui ! ces procédés sont suffisants, si ce but n'est qu'une relation d'événements réduits à de simples anecdotes par un simple chevalier pour un auditoire simple.

Grâce aux répétitions et aux passages rédigés en discours direct, parfois renforcés par des comparaisons, par des hyperboles et par des parenthèses, Robert réussit à créer la mise en relief qu'il recherche, c'est-à-dire, à ajouter à la simple relation des faits le coloris affectif désiré. Il réussit à partager avec son auditoire non seulement les faits racontés, mais aussi les sentiments que ces faits ont suscités chez lui et chez les autres croisés. C'est grâce surtout à ses réussites stylistiques que la chronique de Robert de Clari n'est pas seulement *li estoires de chiaus qui conquisent Coustantinoble*, mais aussi un document précieux qui nous renseigne bien sur l'état de cœur et sur les dispositions d'âme de ces conquérants.

---

la victoire, en Sessoigne et en autres terres, fu assise Jerusalem de paiens et li païs environs essiliez, et li crestien enchaitivé, si que li patriarches qui avoit non Jahan s'en issi de la terre, et plusor autre prudome. Walpole, « A Study and Edition of Old French « Johannis » Translation of the Pseudo-Turpin Chronicle », p. 251.

CHAPITRE V

Conclusions générales

Le but de notre travail était de présenter les traits saillants de la langue de Robert de Clari et de démontrer les procédés de mise en relief dont disposait cet auteur. Dans une étude foncièrement descriptive comme l'est la nôtre, on ne peut s'attendre à des conclusions définitives. Les conclusions particulières auxquelles nous avons pu arriver ont été présentées au fur et à mesure et surtout à la fin de chaque chapitre. C'est pourquoi nous croyons maintenant nécessaire de rappeler brièvement les plus importantes de ces conclusions et d'en tirer des jugements plus généraux et plus personnels sur l'ensemble de la chronique et sur le caractère de Robert de Clari.

La phonétique de *RC* démontre qu'il s'agit d'un document écrit pour le public « local ». La régularité de l'orthographe picarde le range parmi les documents « bourgeois », c'est-à-dire, parmi les chartes plutôt que parmi les documents littéraires, car ceux-ci, dans une certaine mesure, ont toujours été influencés par le francien. La morphologie du texte révèle la même persistance des traits locaux, c'est-à-dire, des traits picards. Mais, puisque les picardismes morphologiques ne sont au fond que le résultat de l'application systématique des lois phonétiques picardes aux mots auxiliaires, cela veut dire que la morphologie picarde de *RC* n'est dans une grande mesure qu'orthographique, donc il se peut que le scribe en soit surtout responsable. Il serait par conséquent imprudent de tirer des conclusions importantes sur le caractère de Robert à partir de la phonétique et de la morphologie : tout ce qu'il est permis de conclure c'est que *RC* était sans doute destiné à un public local et qu'aux yeux du scribe le manuscrit ne représentait probablement pas un document d'une importance politique et littéraire très étendue, autrement on y trouverait un nombre considérable de « franciennismes » orthographiques. Ajoutons tout de suite qu'il n'y a rien dans notre connaissance de Robert de Clari qui nous permette de croire qu'il différait sur ce point du scribe, et il est très probable que le texte de *RC* reflète assez fidèlement les habitudes phonétiques et morphologiques de l'auteur. Mais ici, nous ne sommes plus dans le domaine des preuves démontrables mais plutôt dans le terrain vague des conjectures invérifiables.

Remarquons en passant que, quelle que soit l'origine des picardismes dans *RC*, le lecteur est frappé par l'attitude que prend Robert de Clari vis-à-vis la langue provinciale, attitude bien différente de celle de plusieurs autres provinciaux. Un Aimon de Varenne, un Conon de Béthune, un Rutebeuf sont conscients de leur langage maternel *rude, malostru et sauvage* comme le dira plus tard Jean de Meung, et ils tâchent, sans aucun doute, d'écrire dans une langue aussi proche du francien que leur naissance provinciale le leur permet. Quant à notre auteur, il n'est pas du tout gêné par ses *mos d'Amiens*; même en s'excusant auprès de son public et en regrettant que son histoire ne fût pas *si bellement contee... comme maint boin diteeur l'eussent contee* CXX, 8–9, il ne mentionne pas le problème du dialecte.

Tout en nous rendant compte que l'intervention du scribe dans tous les aspects de la langue est possible, quoiqu'elle ne puisse être ni prouvée ni réfutée, nous pensons qu'il est beaucoup plus vraisemblable d'attribuer à l'auteur la syntaxe, le vocabulaire et les procédés stylistiques. Dans un texte médiéval, en effet, la phonétique et la morphologie sont, pour ainsi dire, « externes », c'est-à-dire, plus susceptibles d'être modifiées par le scribe, contrairement aux éléments plus « internes », à savoir, la syntaxe, le vocabulaire et les procédes stylistiques. En effet, l'intervention du scribe équivaudrait dans ce domaine à un changement du contenu de la chronique.

Pour ce qui est de ces éléments « internes », nous avons trouvé que la syntaxe de *RC* porte de nombreuses traces d'influence littéraire, que le vocabulaire révèle une suffisance de moyens dans les domaines militaire et technique accompagnée d'une pauvreté dans le domaine psychologique et dans la description, que le style est caractérisé par la présence d'un nombre assez restreint de procédés, qui, répétés toujours, finissent par créer une forte impression de monotonie.

A la lumière de ces caractéristiques « internes » de *RC*, que peut-on conclure sur Robert de Clari et sur son œuvre ? Plusieurs critiques et historiens de la littérature ont qualifié cet auteur de « naïf » . Est-il vraiment « naïf » ? Si cela veut dire que Robert a parlé spontanément comme un enfant et que quelqu'un a écrit *verbatim* son récit, l'épithète « naïf » est, comme nous allons le voir, inexact et même fallacieux. Il est quand même évident que de nombreux lecteurs de *RC* ont été frappés par une impression de naïveté. A quoi est due cette impression ? Elle nous semble justifiée principalement par toutes sortes de répétitions, répétitions qui résultent d'abord de l'emploi d'un nombre très limité de formules syntaxiques et de procédés stylistiques, et ensuite d'un vocabulaire très restreint. Il s'agit donc non de la « naïveté » d'un enfant, mais de celle d'un écrivain sans expérience qui, après avoir maîtrisé quelques « trucs » du métier répète sans cesse ses trouvailles. Ce fait est d'autant plus évident que dans les passages où la spontanéité peut se manifester davantage, c'est-à-dire dans les anecdotes et dans les passages rédigés en discours direct, l'impression de « naïveté » est beaucoup plus faible. C'est dans ces passages que Robert s'approche le plus de l'idéal du prosateur moderne. Ce qui nous rend parfois perplexe, ce n'est pas que Robert ne possède pas, dans sa « naïveté », les moyens linguistiques et stylistiques suffisants, mais qu'il ne s'en serve pas là où nous nous attendrions à les trouver, c'est-à-dire lorsqu'il décrit les événements principaux de la Quatrième Croisade (p. ex., l'incendie de Constantinople, le changement de but de la croisade, la prise de Zara, l'excommunication des croisés, etc.). Seul, le point de vue très personnel d'un simple soldat (et non d'un chef comme Villehardouin), le point de vue d'un participant obscur qui relate des choses vues ou entendues peut expliquer cet emploi des moyens littéraires. Nous croyons que ce choix des événements jugés dignes d'être soulignés est un des faits qui ont valu à Robert de Clari l'épithète de « naïf » . Il ne serait pas difficile de démontrer que cette accusation peut être portée contre la plupart des mémorialistes de n'importe quelle époque, qui, par la nature même de leur entreprise, insistent davantage sur la présentation authentique des expériences personnelles, que sur l'évaluation systématique des expériences collectives.

Au lieu, donc, de souligner la « naïveté » (au sens de « spontanéité enfantine ») de Robert, il vaut mieux insister sur le fait que 1) Robert était un écrivain sans expérience, 2) il écrivait à une époque où la forme de la prose n'avait pas encore été élaborée, c'est-à-dire, à une époque où un écrivain comme lui ne pouvait trouver de modèles convenables à imiter. En général, un écrivain amateur sent plus vivement qu'un écrivain de métier le besoin de modèles, le besoin de suivre une convention établie. C'est chez un tel écrivain qu'existe très nettement le sentiment de la différence entre la langue telle qu'on la parle dans la vie de chaque jour et la langue qui sert au processus si solennel et si difficile de la création d'un document écrit. Un écrivain sans expérience ne dicte pas son récit de la même façon qu'il raconte oralement, mais il essaie d'imiter servilement quelques caractéristiques qui l'ont frappé dans la langue conventionnelle écrite. C'est ainsi que nous nous expliquons la présence d'éléments évidemment littéraires dans la syntaxe de RC. C'est ainsi qu'il faut interpréter la « monotonie » dans la construction de la phrase de Robert, où la technique de « l'enchaînement » temporel domine même les passages descriptifs. C'est ainsi que nous comprenons l'emploi constamment répété d'un petit nombre de procédés stylistiques dont la plupart appartiennent sans aucun doute à la convention littéraire de l'époque. Ici encore, si on le veut, on peut appliquer à Robert ce terme si imprécis de « naïf », non à cause de sa « vivacité d'enfant », mais au contraire, à cause de sa dépendance constante de la convention littéraire, dépendance qu'il ne savait pas, ou plus probablement qu'il ne désirait pas, cacher à son auditoire.

Ceux qui soulignent le caractère « naïf » et « spontané » de RC semblent oublier que le plan de la chronique révèle certainement un haut degré d'organisation et de respect de la convention littéraire de l'époque. Nous pensons surtout ici à : 1) l'introduction, 2) la conclusion, 3) le respect de la chronologie, 4) les retours en arrière. Robert commence son introduction par un *incipit* formel. Il fixe la date de son histoire (fausse, il est vrai, mais ceci ne nous empêche pas d'entrevoir son désir d'apparaître « savant »). La date est accompagnée d'une formule donnant les noms du pape, du roi de France et de l'empereur d'Allemagne du temps. Robert discute ensuite la genèse religieuse de la Quatrième Croisade et conclut son introduction par une liste de ceux *qui plus y fisent d'armes et de proesches*. La liste finit par une formule d'excuse : (et il y avait) *molt d'autre boine gent a cheval et a pié, tant de milliers que nous n'en savons le nombre* 1, 92–94. La chronique est close par une formule d'*explicit* qui contient le nom de l'auteur et l'*exhortatio indulgentiae* adressée aux lecteurs et dans laquelle Robert insiste sur le caractère véridique et documentaire de la chronique (CXXX, 1–11). Robert respecte de façon systématique l'ordre chronologique de l'histoire. Même les anecdotes sont à propos, la seule exception étant celle de Pierre de Bracheux CVI, 15–38. (Voir ci-dessus, chap. IV, 6.2.) Mais Pierre de Bracheux lui-même est exceptionnel. Il faisait presque figure de légende. Il était l'idéal de chevalerie de tous les croisés. Le rappel d'un bon mot d'un héros aussi populaire ne semble donc pas hors de propos. Si le « naïf » Robert avait dicté son récit avec une « vivacité d'enfant » le respect de l'ordre chronologique n'aurait sans doute pas été aussi systématiquement respecté. RC contient deux longs passages de retour en arrière. Le premier (XVII–XXIX) raconte l'histoire dynastique de Constantinople au cours du 12ᵉ siècle et sert à établir les « droits » des Francs en Grèce. Le deuxième (XXXIII–XXXVIII) relate les aventures des Montferrat au Proche Orient afin d'expliquer l'attitude du marquis Boniface de Montferrat. Ces deux retours en arrière constituent donc des explications « intellectuelles » de la cause et des origines des événements auxquels participait le chroniqueur. Ils sont encadrés par des formules qui les séparent nettement du corps principal du récit (*or vous lairons chi ester des pelerins et de l'estoire, si vous dirons de chu vaslet et de l'empereur Kyrsaac, sen pere, comment il vinrent avant* XVIII, 1–4; *Or vous dirons de chel enfant et des croisiés*, etc. XXIX, 7–10; *Or vous lairons ichi ester de l'estore; si vous dirons le mesfait dont li marchis haoit l'empereur de Coustantinoble* XXXIII, 24–26; *Or vous avons conté le mesfait... et pour coi il i metoit gregneur paine et gregneur consel d'aler en Coustantinoble que tout li autre, si revenrons après a no matere de devant* XXXIX, 1–5). La structure de *RC*, avec son introduction et sa conclusion conventionnelles, avec son ordre chronologique soigneusement respecté, avec ses anecdotes et ses retours en arrière intellectuellement justifiés et organiquement entrelacés avec le reste du récit, démontre conclusivement qu'il ne s'agit pas d'une narration spontanément menée avec une « vivacité d'enfant », mais au contrarire, d'une composition organisée qui vise à imiter les œuvres historiques de l'époque.

Néanmoins, il serait injuste de nier complètement la validité des observations de tous les critiques qui ont été frappés par la vivacité, la spontanéité et la naïveté de la chronique. Ces caractéristiques sont évidentes quoi qu'elles ne se retrouvent pas au même degré dans toutes les parties de *RC*. La vivacité et la spontanéité se manifestent surtout dans l'emploi du discours direct et des petites parenthèses entrelacées dans le récit, qui donnent un caractère d'actualité au développement de la narration. Cet entrelacement se retrouvera plus tard chez les compilateurs et les adaptateurs en prose des romans arthuriens. Peut-être Robert de Clari a-t-il été un des premiers à trouver cette méthode. Les termes de « naïveté » et de « vivacité » sont sans doute convenables à cause d'une autre caractéristique de *RC*. Nous pensons à cette manière générale de traiter les événements très important en les réduisant à une série d'anecdotes : de présenter, par exemple, tout un conflit politique par une série de discours successifs faits par les chefs des partis opposés. Ces procédés révèlent, sans doute, la mentalité de Robert de Clari parce qu'ils dénotent la façon dont il a su dominer son sujet. Mais il n'est pas exclu qu'au lieu d'avoir été suggérés à Robert par son esprit et par la nature même des choses qu'il tenait à communiquer, ces procédés ne proviennent plutôt des conventions littéraires de l'époque, surtout de celles des histoires rimées, conventions en harmonie avec la personalité de Robert.

Notre travail a eu pour but la description et l'étude des procédés linguistiques et stylistiques employés par Robert. Cette étude nous convainc qu'il est assez injuste de parler de la technique littéraire de *RC* en termes de « naïveté » et de « simplicité » . Cette « naïveté » frappe le lecteur, non pas à cause de la langue et du style mais pour des raisons non-littéraires : Robert de Clari, simple chevalier qui avait passé sa jeunesse dans la rude campagne du Nord de la France, est très mal préparé, non seulement pour saisir les subtilités de la grande politique internationale, mais aussi pour décrire les splendeurs de la Constantinople byzantine. Malgré ce manque de préparation, si évident dans son vocabulaire, il tâche néanmoins d'expliquer les événements, de relater les merveilles et même de communiquer ses impressions. Ces efforts lui font honneur. Historien aux horizons intellectuels limités, « touriste » sorti d'un milieu très peu cultivé, du moins dans le sens formel du mot, Robert de Clari est néanmoins un conteur né. S'il donne aux critiques modernes l'impression de «simple», de «naif» et d' «enfantin» c'est qu'il n'était qu'un conteur là où ceux-ci s'attendent à trouver un homme d'état, un historien et un savant. Mais il faut se demander pour qui et pourquoi Robert de Clari écrit sa chronique. A ce qu'il semble, son récit est fait pour le récit : Robert n'a pas d'autre désir que celui de raconter ce qu'il avait vu et entendu. Contrairement à un Henri de Valenciennes, il n'a pas de patron qu'il veut glorifier ou défendre; contrairement à un Villehardouin, il ne veut ni expliquer ni excuser les actes des Francs en Grèce. Il ne semble pas avoir été non plus en quête d'un salaire ou d'un emploi. Il paraît donc que tout ce qu'il a voulu faire ait été de témoigner, et de laisser dans ce petit coin de sa Picardie natale un document sur les actions des croisés, sur les merveilles du grand monde et peut-être aussi de laisser derrière lui quelques modestes mots sur sa propre participation à ces grands exploits et sur celle de son frère, le valeureux clerc, Aleaume de Clari.

Donc il a sans aucun doute écrit pour les gens comme lui, pour les petits chevaliers, pour ses compagnons ou pour les autres petits clercs et moines qui étaient restés dans la patrie. (Ce dernier fait est révélé par son vocabulaire militaire dans lequel il insère des définitions visiblement destinées aux non-militaires.) Comme il n'a pas de patron à glorifier, il n'écrit pas non plus pour les *haus hommes*. Ses plaintes fréquentes contre leurs méfaits, contre leur cupidité et contre leur manque de foi dans les *convenanches* contractées, suffisent à nous en convaincre. Cette « simplicité », l'auteur la partageait avec son auditoire.

Bien plus, Robert, comme tout auteur, a dû être influencé par le goût de son public. Quel est ce goût ? Que lisait un petit chevalier campagnard aux environs de 1200 ? Autant que nous le sachions, rien. Il écoutait, littérature religieuse à part, les chansons de geste, les fabliaux, les histoires de Renart, parfois, peut-être, les romans (quoique ces derniers aient été destinés à la lecture individuelle dans la société plus cultivée). Il écoutait surtout les chroniques rimées, très à la mode depuis Wace. C'est précisément dans ces chroniques, à cause de la similitude des sujets et du caractère véridique de celles-ci, qu'il faut chercher la tradition littéraire qui est à l'origine de *RC*. Consciemment ou non Robert les prend comme modèles pour la composition de son œuvre. Ceci se voit certainement dans la structure de l'œuvre. Son public devait aussi s'attendre à trouver dans *RC* les éléments auxquels les chroniques rimées l'avaient habitué. Ces chroniques, basées sur des documents latins, racontent l'histoire contenue dans ces documents. Les auteurs s'efforcent de les rendre intéressantes pour le public laïque. Ils élaborent donc leur manière d'écrire, leur technique littéraire selon les prescriptions des livres de rhétorique et selon les enseignements de leurs maîtres d'école. Nous pouvons voir chez un Wace, chez un Benoît de Sainte-Maure ou chez un Ambroise de véritables recettes littéraires. Ce sont eux qui ont developpé et perfectionné l'emploi du discours direct, et qui savent réduire un grand problème politique à un dialogue entre deux chefs.

Mais ce qu'ils font en se servant de documents latins qu'ils transposent en vers, Robert de Clari le fait à partir de son expérience personnelle et en se servant d'une forme d'expression plus proche de cette expérience, c'est-à-dire de la prose.

C'est ici qu'on retrouve le caractère unique de la chronique : Robert de Clari est le premier, autant que nous sachions, à avoir rédigé une chronique en prose sans autre but que de raconter des choses vues et entendues. Il est sans doute le premier qui, sans raison extra-littéraire, c'est-à-dire politique ou pécuniaire, ait eu l'heureuse idée de mettre par écrit non seulement les événements dont il avait été témoin (ou dont il avait entendu parler) et les merveilles qu'il avait vues, mais aussi sa propre attitude vis-à-vis ces événements et ces merveilles. C'est là qu'il faut chercher l'intérêt littéraire de *RC* : Robert de Clari est un des premiers Français qui ait réussi à nous donner une vue personnelle des événements. Il raconte, il ne traduit pas. Il décrit directement les événements auxquels il a participé ou à la relation desquels il a cru sans réserve. Sa chronique ne sert les besoins d'aucune propagande. C'est le récit de la croisade telle qu'elle a été connue par les centaines de chevaliers et les milliers de fantassins qui y prirent part. Cette chronique constitue donc les premiers mémoires en français, genre qui devait s'imposer par la suite par ses qualités énergiques et par son absence de prétention. Robert de Clari est, surtout quand il décrit les événements auxquels il a participé, le précurseur d'un Monluc et d'un Brantôme. Sa qualité de simple soldat et non de chef souligne encore son caractère unique car les simples soldats ne rédigent que très rarement leurs mémoires, au 13e siècle encore moins qu'aujourd'hui. Il faut le placer en tête des nombreux Français, écrivains amateurs, qui, grâce à leur amour de conter, nous ont laissé un témoignage vivant du passé.

Vu le caractère de pionnier et de précurseur de l'œuvre de Robert il nous semble à propos, à la fin de notre travail, de nous poser les questions suivantes : quels sont les traits saillants de la prose originale (c'est-à-dire de celle qui ne résulte ni d'une traduction du latin, ni d'une « prosification » de vers) ? Quelles sont les caractéristiques fondamentales de la prose française qui semble naître avec l'œuvre de Robert de Clari ? Nous nous rendons bien compte qu'il est impossible de donner des réponses définitives à cette question, ni même d'être certain que les formules simples que nous proposons résument bien ces réponses. Mais nous espérons parvenir à des réponses approximatives, les seules justifiables dans le cas de la naissance d'un genre. D'abord, nous sommes frappé par une sorte de dualité de la prose de RC : d'une part monotonie de la plus grande partie du récit, monotonie qui résulte d'un vocabulaire limité, de la prédominance du même type de phrase et d'un nombre très restreint de procédés stylistiques; d'autre part, grâce et efficacité des petits tableaux, des anecdotes et de la plupart des passages en discours direct. Cette dualité semble démontrer que la prose de 1220 se pliait assez bien aux exigences d'un récit aux cadres restreints, mais qu'elle n'était pas adaptée au déroulement d'un récit soutenu et trouvait une solution facile dans la répétition d'un mot, d'une construction de phrase ou d'un procédé stylistique. Par ailleurs, si nous comparons la prose de RC à la poésie qui la précède (et nous pensons surtout aux chroniques rimées) nous constatons qu'il y a une tendance vers la simplification. Libérée de la discipline du rythme et de la rime, la prose se débarrasse aussi d'un certain air d'école et d'une certaine rhétorique trop apparente chez les illustres prédécesseurs qui ont écrit en vers. Cette simplification, même si elle produit une certaine monotonie et une certaine lourdeur dans les passages de longue haleine, indique déjà le but vers lequel marchera la prose française à venir, c'est-à-dire, la clarté.

Bibliographie des ouvrages cités

ALPHANDÉRY, P., *La Chrétienté et l'idée de croisade*, I, Paris, 1954.

AMBROISE, *Estoire de la guerre sainte*, éd. G. Paris, Paris, 1897.

BALDWIN, M. W., *A History of the Crusades*, I, éd. K. M. Setton, Philadelphia, 1958.

BEAULIEUX, C., *Histoire de l'orthographe française*, 2 t., Paris, 1927.

BEHRENS, D. *Voir* Schwan.

BENOÎT DE SAINTE-MAURE, *Le Roman de Troie*, éd. L. Constans, SATF, Paris, 1904.

BILLER, G., *Études sur le style des premiers romans français en vers* (1150–75), Göteborgs Högskolas Årsskrift, XXII, Göteborg, 1916.

BLOCH, O. et WARTBURG, W. VON, *Dictionnaire étymologique de la langue française*, 2e éd., Paris, 1950.

BOLGAR, R. R., *The Classical Heritage and Its Beneficiaries*, Cambridge, 1954.

BOURCIEZ, E., *Précis historique de la phonétique française*, 9e éd. revue et corrigée, Paris, 1958 (Abréviation : *B*).

BRUNEAU, C. *Voir* Brunot.

BRUNOT, F., *Histoire de la langue française des origines à 1900*, I, Paris, 1905.

——— et BRUNEAU, C., *Précis de grammaire historique de la langue française*, 3e éd., Paris, 1949.

CHAMBERS, F. M., « Troubadours and Assassins », *Modern Language Notes*, LXIV, 1949, pp. 245–251.

Chanson d'Antioche, I, éd. P. PARIS, Paris, 1848.

Chanson d'Aspremont, I, éd. L. BRANDIN, 2e éd. revue, CFMA, XIX, Paris, 1923.

Chanson de Guillaume, 2 t., éd. D. MCMILLAN, Société des anciens Textes français, LXXXV et LXXXVI, Paris, 1949 et 1950.

Chanson de Roland, éd. J. BÉDIER, 57e éd., Paris, 1924.

CHARLOT, P. *Voir* Robert de Clari.

CHRÉTIEN DE TROYES, *Yvain*, éd. W. FOERSTER (*Der Löwenritter*), Halle, 1887.

CONON DE BÉTHUNE, *Les Chansons*, éd. AXEL WALLENSKÖLD, Paris, CFMA, XXIV, 1921.

CROSLAND, J., *Medieval French Literature*, Oxford, 1956.

——— *Old French Epic*, Oxford, 1951.

CURTIUS, E. R., « Ueber die altfranzösische Epik », *ZRPh*, LXIV, 1944, pp. 233–320.

——— *Europäische Literatur und lateinisches Mittelalter*, Bern, 1948.

DEMBOWSKI, P. F., « Le c.-r. de P. M. SCHON, *Studien zum Stil der frühen franzö-*

sischen Prosa (Robert de Clari, Geoffroy de Villehardouin, Henri de Valenciennes), Analecta Romanica, VIII, Frankfurt am Main, 1960 », *Romance Philology*, XVI, 1962, pp. 241-243.

—— « Corrections à l'édition de la *Chronique* de Robert de Clari, de Ph. Lauer », *Romania*, LXXXII, 1961, pp. 134-138.

—— « En marge du vocabulaire de Robert de Clari : *buhotiaus, conterres, sydoines* », *Romance Philology*, XV, 1961, pp. 12-18.

Du Cange, C. du Fresne, *Glossaire français faisant suite au Glossarium mediae et infimae latinitatis, avec addition de mots anciens extraits des glossaires de la Curne de Sainte-Palaye, Roquefort, Raynouard, Burguy, Diez, etc.*, éd. L. Favre, Niort, 1879 ss.

—— *Glossarium ad scriptores mediae et infimae latinitatis, etc.*, 10 t., éd. L. Favre, nouveau tirage, Paris, 1937-1938.

Erdmann, K., *Die Entstehung des Kreuzzugsgedankens*, Stuttgart, 1935.

Faral, E., *Recherches sur les sources latines des contes et romans courtois du moyen âge*, Paris, 1913.

—— *Voir aussi* Villehardouin.

Faye, P.-L., « L'Equivalence passé défini-imparfait en ancien francais », thèse manuscrite, University of California, Berkeley, 1930; aussi University of Colorado Studies, XX, 1933, pp. 267-308, présente une partie de la thèse.

La Fille du comte de Pontieu, éd. C. Brunel, CFMA, LII, Paris, 1926.

Foerster, W., « Romanische Etymologien », *ZRPh*, VI, 1882, p. 112.

—— *Voir aussi* Chrétien de Troyes.

Foulet, L., « La Disparition du prétérit », *Romania*, XLVI, 1920, pp. 271-313.

—— « L'Extention de la forme oblique du pronom personnel en ancien français », *Romania*, LXI, 1935, pp. 257-315 et 401-463, LXII, 1936, pp. 27-91.

—— *Petite Syntaxe de l'ancien français*, 3ᵉ éd. revue et corrigée, *CFMA*, XXI, Paris, 1930 (Abréviation : *F*).

Franzén, T., *Etude sur la syntaxe des pronoms personnels sujets en ancien français*, Upsal, 1939.

Gamillscheg, E., *Etymologisches Wörterbuch der französischen Sprache*, Heidelberg, 1928 (Abréviation : *EWF*).

Giese, W., « Waffen nach den provenzalischen Epen und Chroniken des XII und XIII Jahrhunderts », *ZRPh*, LII, 1932, pp. 351-405.

Godefroy, F., *Dictionnaire de l'ancienne langue française*, 10 t., Paris, 1881-1902 (Abréviation : *Gdf*).

Gossen, C. T., *Petite Grammaire de l'ancien picard. Phonétique-morphologie-syntaxe-anthologie et glossaire*, Paris, 1951 (Abréviation : G).

—— *Die Pikardie als Sprachlandschaft des Mittelalters (auf Grund der Urkunden)*, Biel, 1942.

Gougenheim, G., « De *chevalier* à *cavalier* » dans *Mélanges de philologie romane et de littérature médiévale offerts à Ernest Hoepffner*, Paris, 1949, pp. 117-126.

—— « A propos d'*habitacle* chez Robert de Clari » dans *Mélanges de linguistique et de littérature romanes offerts à Mario Roques par ses amis, ses collègues et ses anciens élèves de France et de l'étranger*, II, Paris, 1953, pp. 117-125.

———— « Notes sur le vocabulaire de Clari et de Villehardouin », *Romania*, LXVIII, 1944-1945, pp. 401-421.

———— « Le Sens de *noble* et de ses dérivés chez Robert de Clari », *Romance Philology*, III, 1950, pp. 270-271.

GRANSAIGNES D'HAUTERIVE, R., *Dictionnaire étymologique de la langue française, moyen âge et Renaissance*, Paris, 1947.

GRÖBER, G., *Grundriss der romanischen Philologie*, II, Strassburg, 1902.

GSTEIGER, M., *Die Landschaftsschilderungen in den Romanen Chrétiens de Troyes; literarische Tradition und künstlerische Gestaltung*, Bern, 1958.

GUILLAUME, G., « Théorie des auxiliaires et examen des faits connexes », *Bulletin de la Société de Linguistique de Paris*, XXXIX, 1938, pp. 5-23.

HALFENBEIN, F., « Die Sprache des Trouvère Adam de la Halle aus Arras » (chap. *au*), *ZRPh*, XXXV, 1911, pp. 352-354.

HOLLYMAN, K. J., *Le Développement du vocabulaire féodal en France pendant le haut moyen âge. (Etude sémantique)*, Genève et Paris, 1957.

HOLMES, U. T., JR., « Grifaigne, Grifon », *Studies in Philology*, XLIII, 1946, pp. 586-594.

———— « Review of K. J. Hollyman, *Le Développement du vocabulaire féodal en France pendant le haut moyen âge. (Etude sémantique)*, Genève et Paris, 1957 », *Speculum*, XXXIII, 1958, pp. 293-294.

HOPF, K. *Voir* Robert de Clari.

HUON LE ROI, *Le vair palefroi*, éd. A. Långfors, 2e éd. revue, *CFMA*, VIII, 1921.

JANIN, R., *Constantinople byzantine, développement urbain et répertoire topographique*, Paris, 1950.

JEANROY, A., « Corrections, ROBERT DE CLARI, *Conquête de Constantinople*, éd. Lauer », *Romania*, LIII, 1927, pp. 392-393.

JOINVILLE, J. DE, « Histoire de Saint Louis » dans *Historiens et chroniqueurs du moyen âge, Robert de Clari, Villehardouin, Joinville, Froissart, Commynes*, éd., établie et annotée par A. PAUPHILET, textes nouveaux commentés par E. POGNON, Paris, 1952, pp. 201-372.

LANDERTINGER, G., « Der kriegstechnische Wortschatz bei Villehardouin und Robert de Clari », thèse manuscrite, Wien, 1937.

LANSON, G., *Histoire de la littérature française*, I, Paris, 1923.

LÉVY, R., *Chronologie approximative de la littérature française du moyen âge*, ZRPh, Bhft, XCVIII, 1957.

LEWICKA, H. « Dialekt a styl, ze studiów nad tekstami z Arras 12go i 13go wieku / Dialecte et style, étude de textes d'Arras du 12ème et du 13ème siècles », *Pamiętnik Literacki*, XLVII, 1956, pp. 443-476.

LEWINSKY, B., *L'Ordre des mots dans « Bérinus », roman en prose du XIVe siècle*, Göteborg, 1949.

LEWIS, B., « The Sources for the History of the Syrian Assassins », *Speculum*, XXVII, 1952, pp. 475-489.

LIEBMAN, C. J., JR., « Le Commentaire français du Psautier et le ms. Morgan 338 pour l'attribution à Simon de Tournoi », *Romania*, LXXVI, 1955, pp. 433-449.

LIPS, M., *Le Style indirect libre*, Paris, 1926.

LOMBARD, A., « Li fel d'anemis, Ce fripon de valet », *Studier i modern språkvetenskap utgivna av Nyfilologiska sällskapet*, XI, 1931, Uppsala, pp. 149-215.

LOMMATZSCH, E. *Voir* Tobler.

MCNEAL, E. H., « Chronicle and Conte; a Note on Narrative Style in Geoffrey of Villehardouin and Robert de Clari » dans *Festschrift für M. Blakemore Evans*, Columbus, Ohio, 1945, pp. 110-113.

———— *Voir aussi* Robert de Clari.

MALKIEL, Y., « Ancient Hispanic *vera(s)* and *mentira(s)*. A Study in Lexical Polarization », *Romance Philology*, VI, 1952-1953, pp. 131-172.

———— « Diachronic Hypercharacterization in Romance », *Archivum Linguisticum* (Glasgow), IX, 1957, pp. 79-113, et X, 1958, pp. 1-36.

———— « Lexical Polarization in Romance », *Language*, XXVII, 1951, pp. 485-518.

———— « Studies in Hispano-Latin Homonymies : *pessulus, pactus, pectus, despectus, suspectus, fistula in Ibero-Romance* », *Language*, XXVIII, 1952, pp. 299-338.

———— « Studies in Irreversible Binomials », *Lingua*, VIII, 1959, pp. 113-160.

MAROUZEAU, J., *Précis de stylistique française*, 3ᵉ éd., revue et augmentée, Paris, 1950.

MEYER, P., « Le c.-r. de Jehan de Brie, *Le Bon Berger*, éd. P. Lacroix », *Romania*, VIII, 1879, pp. 452-453.

MEYER-LÜBKE, W., *Romanisches etymologisches Wörterbuch*, 3ᵉ éd., Heidelberg, 1930-1935. (Abréviation : *REW*).

NYROP, K., *Grammaire historique de la langue française*, 3ᵉ éd., revue et augmentée, I, II, Copenhague, 1914.

PARIS, G., *La Littérature française au moyen âge (XIᵉᵐᵉ-XIVᵉᵐᵉ siècles)*, 3ᵉ éd., revue et corrigée et accompagnée d'un tableau chronologique, Paris, 1905.

PAUPHILET, A., *Le Legs du moyen âge, études de littérature médiévale*, Melun, 1950.

———— « Sur Robert de Clari », *Romania*, LVII, 1931, pp. 281-311.

———— *Voir aussi* Robert de Clari.

PELLEGRINI, S., « Iterazioni sinonimiche nella *Canzone di Rolando* », *Studi mediolatini e volgari*, I, 1953, pp. 155-165.

PENWARDEN, P. J., « A Linguistic and Stylistic Comparison of the Chronicles by Villehardouin and Robert de Clari of La Conquête de Constantinople », thèse manuscrite, University College, University of London, London, 1953.

POPE, M. K., *From Latin to Modern French, with Special Consideration of Anglo-Norman*, Manchester, 1934.

RAUMAIR, A., *Ueber die Syntax des Robert von Clary*, thèse, Erlangen, 1884.

RIANT, P. *Voir* Robert de Clari.

RIFFATERRE, M., « Criteria for Style Analysis », *Word*, XV, 1959, pp. 154-174.

———— « Problèmes du style littéraire », *Romance Philology*, XIV, 1961, pp. 216-227.

———— *Le Style de « Pléiades » de Gobineau, essai d'application d'une méthode stylistique*, Société de Publications romanes et françaises, LVII, Genève-Paris, 1957.

———— « Stylistic Context », *Word*, XVI, 1960, pp. 209-218.

ROBERT DE CLARI, *The Conquest of Constantinople*, translated from Old French by E. N. MCNEAL, New York, 1936.

——— *La Conquête de Constantinople*, trad. P. CHARLOT, Poèmes et Récits de la vieille France, XVI, Paris, 1939.

——— « Conquête de Constantinople » dans *Chroniques gréco-latines*, éd. K. HOPF, Berlin, 1873, pp. 1-87.

——— *La Conquête de Constantinople*, éd. PH. LAUER, *CFMA*, XL, Paris, 1924 (réimprimée sans changement, 1956) (Abréviation : *RC*).

——— « La Conquête de Constantinople » dans *Historiens et chroniqueurs du moyen âge, Robert de Clari, Villehardouin, Joinville, Froissart, Commynes*, éd., établie et annotée par A. PAUPHILET, textes nouveaux commentés par E. POGNON, Paris, 1952, pp. 11-91.

——— *Li estoires de chiaus qui conquisent Constantinoble*, éd. P. RIANT, Paris, 1868.

——— « History of Them That Took Constantinople » dans *Three Old French Chronicles of the Crusades, etc.*, trans. into English by E. N. STONE, Washington University Publications in Social Sciences, X, Seattle, Wash., 1939, pp. 161-264.

ROQUES, M., « Histoire de texte. Le billet de Jean de Gisors à Aélis de Liste », *Mélanges dédiés à la mémoire de Félix Grat*, II, Paris, 1949, pp. 277-291.

SANDMANN, M., « Narrative Tenses of the Past in the *Cantar de Mio Cid* » dans *Studies in Romance Philology and French Presented to John Orr*, Manchester, 1953, pp. 258-282.

——— « Syntaxe verbale et style épique » dans *Communicazioni lette al'VIII Congresso di studi romanzi*, Florence, 1956, pp. 379-402.

SCHON, P. M., *Studien zum Stil der frühen französischen Prosa (Robert de Clari, Geoffroy de Villehardouin, Henri de Valenciennes)*, Analecta Romanica, VIII, Frankfurt am Main, 1960.

SCHWAN, E. et BEHRENS, D., *Grammaire de l'ancien français*, trad. de 4e éd. allemande par O. Bloch, Leipzig et Paris, 1900.

STONE, E. N. *Voir* Robert de Clari.

STOWELL, W. A., *Old French Titles of Respect in Direct Address*, Baltimore, 1908.

THOMAS, A., *Essais de philologie française*, Paris, 1897.

THURNEYSEN, R., « Zur Stellung des Verbums in Altfranzösischen », *ZRPh*, XVI, 1892, pp. 289-307.

TOBLER, A., « Asyndetische Paarung von Gegensätzen » dans *Vermischte Beiträge zur französischen Grammatik*, II, 2e éd., Leipzig, 1906, pp. 159-166.

——— et LOMMATZSCH, E., *Altfranzösisches Wörterbuch*, Berlin, etc., 1915 ss. (Abréviation : *T.-L.*).

VILLEHARDOUIN, G. DE, *La Conquête de Constantinople*, 2 t., éd. et trad. E. FARAL, Les Classiques de l'histoire de France au moyen age, XVII et XIX, Paris, 1938-1939.

WACKER, G., *Ueber das Verhältnis von Dialekt und Schriftsprache im Altfranzösischen*, Halle, 1916.

WALPOLE, R. N., « A Study and Edition of Old French « Johannis » Translation of the Pseudo-Turpin Chronicle » thèse, University of California, Berkeley, 1939.

WARREN, F. M., « Some Features of Style in Early French Narrative Poetry, 1150-1170 », *Modern Philology*, III, 1905-1906, pp. 179-209 et 513-539; IV, 1906-1907, pp. 655-675.

WARTBURG, W. VON, *Französisches etymologisches Wörterbuch. Eine Darstellung des gallo-romanischen Sprachschatzes*, Basel, etc., 1928 ss. (Abréviation : *FEW*).

———— « Los nombres de los días de la semana », *Revista de filología española*, XXXIII, 1949, pp. 1-14.

———— *Voir aussi* Bloch.

WESTERBLAD, C. A., « *Baro* » *et ses dérivés dans les langues romanes*, Upsal, 1910.

Index des mots
et des problèmes discutés

Table des matières

Lightning Source UK Ltd.
Milton Keynes UK
UKHW012359200722
406167UK00001B/284